Zofia Jasinska

Der Krieg, die Liebe und das Leben

Zofia Jasinska

Der Krieg, die Liebe und das Leben

Eine polnische Jüdin unter Deutschen

Bearbeitet von Manfred Flügge

Aufbau-Verlag

Meinem Sohn Jacek Zygmunt Stefan, auch Joav genannt, gewidmet.

In Liebe für Julian und Jennifer und Heike.

Z. J.

»Viele Leute glauben, daß sie denken, wenn sie lediglich ihre Vorurteile neu ordnen.«

William James (1842–1910)

Als ich jung war, habe ich an Gott geglaubt. Später beneidete ich die Menschen, die an ihn glauben konnten. Manchmal betete ich, und manchmal hörte ich damit wieder auf. Als ich betete ›Lieber Gott im Himmel, laß meine Mutter nicht sterben‹, da hatte er wohl gerade keine Zeit und erhörte diese Bitte eines fünfzehnjährigen Mädchens nicht. Hätte es wirklich die himmlische Ordnung gestört, wenn meine Mutter damals am Leben geblieben wäre?

Noch heute bete ich zuweilen, nicht für mich, aber für meinen Sohn und meine Enkelkinder. Ich sitze in meinem kleinen Heim und versuche, Gott näher zu kommen, ihn zu begreifen und die himmlische Logik, die ihre eigenen Gesetze hat. Und dann schaue ich wieder aus meinem Fenster, wende mich den Menschen auf der Straße zu, beobachte sie, wie sie an meinem Haus vorübergehen, die Alten und die Jungen.

Als ich jung war, dachte ich nicht an das Älterwerden, auch nicht an die Zukunft. Ich lebte in der Gegenwart, genoß mein Leben in vollen Zügen. Ich war schön, ich wollte tanzen, Theater spielen und mich amüsieren. Die Welt gehörte mir. Geldsorgen kannte ich nicht, denn mein Vater war recht wohlhabend. Er hatte in Rußland Malerei studiert und später das lithographische Atelier *Zorza* (Morgenröte) in Krakau gegründet, wo er eine geachtete Persönlichkeit war als Mitglied der Handelskammer und Träger von Ehrenämtern und Verdienstorden, die er sowohl als Zivilist wie als Reserveoffizier der k. u. k. Armee im Ersten Weltkrieg erhalten hatte. Er war ein liebenswürdiger, aufrechter Herr, mit dem ich abends gerne ausging. Wie haben wir uns amüsiert, wenn man uns, was oft vorkam, für ein Liebespaar hielt …

Zygmunt Gottlieb, mein Vater, war ein völlig assimilierter Jude, und ich selbst machte mir über meine jüdische Herkunft keine Gedanken. Ich fühlte mich wohl in meiner Heimat, zunächst dem aufgeteilten und nach 1918 unabhängigen Polen. Die Pogrome, die viele polnische Juden damals erleiden mußten, brachte ich nicht in Verbindung mit meiner Person. Auch in Polen war der Antisemitismus eine handfeste Realität. Trotzdem konnte die große Mehrheit der polnischen Juden ihren Berufen und ihren Geschäften nachgehen, ihre Kultur und ihre Religion pflegen. Es gab jüdische Schulen und Einrichtungen aller Art. Die ersten Kibbuzim sind auf polnischem Boden erprobt worden. Es gab die reichen Juden, die oberen Zehntausend, es gab die überwiegende Mehrheit der armen und besitzlosen Juden, es gab die frommen Juden, die sich nicht als Polen verstanden, und die assimilierten Juden, die sich von den Polen kaum unterschieden und die ihr Judentum völlig verdrängt oder vergessen hatten, bis sie von den Nazis auf die brutalste Weise daran erinnert wurden. So erging es auch meiner Familie.

Ich hatte eine schöne Mutter, die mich über alles liebte und verwöhnte. Mein Vater warf ihr des öfteren vor, daß sie mich so verhätschelte: »Wie soll sich unsere Zosia im Leben zurechtfinden, wenn du sie verziehst. Eines Tages wird sie sich ihrem Schicksal stellen müssen, ohne daß wir ihr unter die Arme greifen können. Und was dann?«

»Gerade deswegen«, ereiferte sich meine Mutter, »gerade, weil wir nicht wissen, was ihr bevorsteht, soll sie es wenigstens jetzt gut haben. Daran kann sie sich ihr Leben lang erinnern, diese Erinnerung kann ihr niemand mehr nehmen. Wenn es darauf ankommt, wird sie sich schon zu helfen wissen. Das Leben ist der beste Lehrer.«

Ich war stolz auf meine Mutter. Sie hatte ein feines, ebenmäßiges Gesicht mit verträumten braunen Augen und dunkelblonden Haaren. Sie konnte wunderschön singen. Wenn ich krank in meinem Zimmer lag, spielte sie für mich stundenlang auf unserem Bechstein-Flügel und sang dazu. Ich schloß meine Augen und träumte. Ich träumte von der Zukunft, so wie ich heute von der Vergangenheit träume. Aber damals waren meine Träume noch süß.

Meine Kindheit war sorglos und behütet. Alles drehte sich um meine kleine Person. Einmal sind meine Eltern zum Ball gegangen, und ich übernachtete bei meiner Großmutter. Dort durfte ich soviel Schokolade essen, wie ich wollte. Zum Abschied beugte sich meine Mutter über mein Bett und sagte: »Laß dich von der Großmutter verwöhnen, mein Liebling, sie ist eine Meisterin darin. Aber das weißt du ja ...«

Als der Erste Weltkrieg ausbrach, mußten wir als Angehörige eines Offiziers die Festung Krakau verlassen. Mein Vater war Hauptmann der Reserve beim Österreichischen Heer. Er wurde an die Front am Isonzo geschickt, Mutter und ich übersiedelten nach Wien. Dort lernte ich sehr schnell Deutsch, fand neue Freunde in der Schule und durfte Ballettstunden an der Wiener Oper nehmen.

Von Zeit zu Zeit kam uns Vater besuchen. Meine Mutter stellte jedesmal erleichtert fest: »Gott sei Dank, er lebt noch!« Ich verstand die Worte der Mutter nicht und wunderte mich, warum er denn nicht mehr leben sollte.

In Wien führten wir ein gutes Leben. Ich hatte mein geliebtes Ballett, und Mutter gab Wohltätigkeitskonzerte in den Lazaretten der Kriegsverwundeten. Die Soldaten lauschten ihrer schönen Stimme oft mit Tränen in den Augen. Meine Mutter war Absolventin eines Wiener Konservatoriums, in ihrer Jugend trat sie in Wien und

Klagenfurt als Opernsängerin auf, allerdings unter dem Künstlernamen Stefania Bogucka, da es sich für eine Frau aus gutem Hause nicht schickte, auf der Bühne zu stehen. Für die Verwundeten zu singen war aber eine Ehre, und so bekam meine Mutter von der Fürstin Stefanie einen militärischen Orden verliehen.

Auch ich bekam meinen Auftritt vor den verwundeten Soldaten. Ich trug ein weißes Spitzenkleidchen mit einem blauen Band und einen schwarzen Strohhut, an dem auch ein blaues Band flatterte. Im Arm hielt ich meine Lieblingspuppe Lilka, die mir Großmutter gekauft hatte, da meiner Mutter die dreißig Kronen zuviel gewesen waren; die Porzellanpuppe war als Krankenschwester angezogen. So vieles aus meinem Leben habe ich vergessen, aber an diesen Auftritt mit sieben Jahren in einem Wiener Lazarett kann ich mich noch gut erinnern. Auch einige Zeilen aus dem Lied, das ich damals gesungen habe, weiß ich noch:

War ein kleines braves Mädchen,
drum hat in der Weihnachtsnacht
mir das liebe gute Christkind
diese Puppe hier gebracht.
Diese Puppe ist mein alles,
ist wohl meine größte Lust,
nehm sie stets zu mir ins Bettchen,
drück sie fest an meine Brust.
Bin ich mal ein altes Mutterl,
silbergrau sind meine Haar,
muß ich gehen stets am Stocke
bin verlassen ganz und gar …

Während ich sang, drückte ich meine große Puppe an die Brust. Die Soldaten waren gerührt, und ich war glücklich.

»Mami«, sagte ich, »wenn ich groß bin, will ich eine bekannte Sängerin und Schauspielerin werden.«

Meine Mutter küßte mich und sagte: »Mein liebes Kind, nicht jeder Wunsch kann in Erfüllung gehen. Auch ich wollte eine große Sängerin werden, es sollte aber nicht sein. Dafür habe ich dich bekommen, mein Schatz, und du bist mein ganzes Glück.«

Ich durfte auch in einem kleinen Stummfilm mitspielen, in Jungenkleidern. *Der Bubi als Wohltäter* hieß der Streifen, von zwei Brüdern produziert, die Gottlieb hießen, aber nicht mit uns verwandt waren.

Eines Tages fuhren wir Papa besuchen. Er war bei den schweren Gefechten zwar nicht verwundet worden, aber als er mit ansehen mußte, wie um ihn herum seine Kameraden starben, wie ihnen die Köpfe und Hände von Granaten abgerissen wurden, bekam er einen Nervenschock und mußte unentwegt lachen. Einige Tage blieb er in einem Lazarett, danach wurde er nicht mehr an die Front zurückgeschickt. Er wurde Kommandant in einer kleinen Garnisonsstadt, wo man uns im Hause des Bürgermeisters einquartierte. Dort erreichte uns die Nachricht vom ersehnten Frieden.

Wir fuhren zurück nach Polen, das wieder ein unabhängiger Staat geworden war, mit Marschall Jósef Pilsudski als Staatschef. In Krakau wohnten wir zunächst in Papas Betrieb, da es sich als unmöglich erwies, so schnell eine passende Wohnung zu finden. Ich fühlte mich dort recht wohl, denn es war immer etwas los. Papa beschäftigte mehrere Mitarbeiter, die wunderbare Reproduktionen, Lithographien, Plakate und Druckvorlagen für Bilder herstellten.

Nachts hatte ich Angst, allein auf die Toilette zu gehen, da sie sich am anderen Ende der riesigen, dunklen Wohnung befand. So zog ich es vor, auf den Topf zu gehen. An einem Morgen, als meine Mutter den Nachttopf ausleeren wollte, fing sie plötzlich an zu schreien. Ich schaute in den Topf und begann auch zu weinen. Mein Urin war ganz rot gefärbt. »Blut! Das Kind ist krank!« sagte Mutter verzweifelt, was meine Angst nicht gerade beschwichtigte. Sofort wurde mein Vater geholt. Er warf einen Blick hinein und fing an zu lachen, er lachte so herzlich, daß die Sorge meiner Mutter sich sofort legte.

»Was soll die Aufregung«, sagte er, »Zosia ist heute nacht eine Frau geworden, die natürlichste Sache von der Welt und kein Grund zur Aufregung. Sie hat ihre erste Regel bekommen. Herzlichen Glückwunsch!«

Meine Mutter schaute ungläubig drein: »Was, meine kleine Zosieńka, das kann nicht sein.«

Der Arzt wurde geholt, und er bestätigte die Vermutung meines Vaters. Ich war eine Frau geworden.

Die Reaktion meiner Mutter war erstaunlich, denn immerhin hatte sie mich, als ich zehn Jahre alt war, über alle Geheimnisse des Lebens schon aufgeklärt. Ich hatte mehr Glück als eine Tante, die in der Hochzeitsnacht ihr Schlafzimmerfenster aufriß und schrie: »Hilfe! Mein Mann ist verrückt geworden!«

Zuerst ging ich in eine private Schule für katholische Mädchen, in der die Jüdinnen getrennt von den anderen sitzen mußten. Später kam ich auf eine staatliche Schule, wo eine solche Trennung nicht bestand. Im Unterricht war ich sehr unaufmerksam. Am liebsten lernte ich zu Hause, manchmal saß ich bis spät in der Nacht an Papas großem Schreibtisch in seinem Büro. Eines Abends hörte ich seltsame Geräusche von der Terrasse her. Ich schaute durch die Verglasung, konnte aber nichts entdecken. Es fiel mir danach schwer, mich zu konzentrieren, also beschloß ich, ins Bett zu gehen.

Am nächsten Morgen weckte mich mein Vater. »Vermißt du nichts?« fragte er ganz aufgeregt. Ich erfuhr, daß in dieser Nacht bei uns eingebrochen worden war.

Alles Geld aus dem Panzerschrank war verschwunden, ein Pelzmantel sowie etliche Teppiche und Gemälde. Ich erinnerte mich sofort an die verdächtigen Geräusche vom Vorabend und erzählte davon. »Gott sei Dank ist dir nichts passiert!« sagte mein Vater. »Sie hätten dir sonst was antun können!« Meine Eltern verboten mir, mich abends in dem abgelegenen Arbeitszimmer aufzuhalten.

Papa fiel ein, daß am Vorabend der Kamin sehr ungewöhnlich gerochen hatte. Er nahm sich unsere Haushaltshilfe vor, und so erfuhren wir schon bald, daß unsere treue Kasia mit den Einbrechern gemeinsame Sache gemacht hatte. Sie hatte Kräuter in den Kamin gestreut, die uns betäuben sollten, damit ihre Komplizen ungestört ausräumen könnten. Erst einige Wochen später gab Mutter zu, daß sie in der Nacht trotzdem aufgewacht war und die Einbrecher gehört hatte. Sie hatte nichts unternommen, da sie wußte, daß mein Vater eine geladene Pistole in der Nachttischschublade aufbewahrte und als ehemaliger Frontsoldat sehr wohl Gebrauch davon machen würde. Aber sie hatte befürchtet, daß auch die Diebe bewaffnet wären, und so hatte sie geschwiegen, aus Angst um unser aller Leben. Vater wurde sehr ärgerlich, als er das hörte, aber wer meine Mutter kannte, der wußte, daß sie gar nicht anders handeln konnte.

Endlich fand Papa eine geeignete Wohnung für die Familie, und wir verließen die Betriebsräume. Eines der fünf Zimmer in der neuen Wohnung gehörte mir ganz allein. Das war herrlich. Jeden Abend träumte ich in meinem rosa Bettchen von einer großen Karriere als Tänzerin oder Schauspielerin.

Leider ließen meine schulischen Leistungen sehr zu wünschen übrig. Mathematik langweilte mich, Latein konnte ich nicht ausstehen, und Altgriechisch ging völlig an mir vorbei. Nur Geschichte habe ich gern gehabt, vor allem weil der Lehrer so hübsch und nett war, doch am liebsten hatte ich noch immer den Tanzunterricht.

Als ich fünfzehn war, starb meine Mutter an Leberkrebs. Mit furchtbaren Schmerzen lag sie auf ihrem Bett, ihre Augen schauten mich an und fragten stumm: Was wirst du wohl ohne mich machen? Ihr Tod war für mich ein schwerer Schlag. Zum ersten Mal wurde ich mit den harten Fakten des Lebens konfrontiert. Wie konnte ich weiterleben ohne ihren Schutz, ohne ihre Fürsorge, ohne ihre Liebe? Ich war jung, die Zeit ging weiter, und manchmal vergaß ich fast, daß ich eine Mutter gehabt hatte. Nicht wirklich, aber das Leben wäre unerträglich, wenn man nicht auch vergessen könnte.

Nach dem Tod meiner Mutter tat mein Vater alles, um mir den Verlust zu ersetzen. Ich versuchte, es nicht zu zeigen, aber Mutter fehlte mir sehr. Ich übernahm einen Teil der Familienverantwortung und führte jetzt Papas Haushalt. Meine wichtigste Vertraute wurde nun meine Großmutter Maria Kohn. Sie lebte nach dem Tode meines Großvaters Dawid Kohn allein. Außer meiner Mutter hatte sie noch drei andere Töchter und vier Söhne, so war es um sie herum immer recht turbulent. Von der ganzen Enkelschar war ich ihr absoluter Liebling. Sonntags versammelte sich die ganze Familie bei ihr. Der Tisch war so reichlich gedeckt, daß man mit den Resten noch die ganze Nachbarschaft satt gekriegt hätte. Großmutter hatte immer Angst, daß ihre Gäste nicht genug zu essen bekommen könnten. An ihrem Tisch feierte die Familie die jüdischen und die christlichen Feiertage. Neben Gefillte Fisch und Mazze fanden auch Roggenbrot und Gänsebraten ihren Platz.

An ihrem Tisch wurden alle Familienangelegenheiten besprochen und diskutiert. Ihre Meinung hat Großmutter zwar niemals aufgezwungen, aber irgendwie schaffte sie es doch jedesmal, das letzte Wort zu haben, und die Familie beschloß freiwillig genau das, was ihr am Herzen lag. Die Schwiegersöhne und die Schwiegertöchter besuchten sie regelmäßig. Sie wußten, daß sie bei der Großmama immer Recht bekamen, wenn es um einen internen Familienstreit ging.

Als ich dreizehn war, sah ich bei meiner Tante, die aus Wien stammte, einen bildbübschen Italienier mit weißgrauem Haar namens Carlo Loalldi. Er war mein erster Schwarm. Meine Knie zitterten, wenn ich ihn ansah. Ich fürchte, meine Tante hat meinen Onkel mit ihm betrogen.

Mit Ach und Krach schaffte ich das Abitur und überredete Vater schließlich, mich auf die Schauspielschule gehen zu lassen. Ich war fest entschlossen, die Bühnenkarriere in Angriff zu nehmen, die meiner Mutter versagt geblieben war. Männer spielten noch keine Rolle in meinem Leben, bis auf einige belanglose Verabredungen, zu denen ich prinzipiell zu früh erschien.

Jósef, einer meiner Vettern, wohnte zeitweilig bei meiner Großmutter. Durch ihn lernte ich Wiktor Kraiczak kennen, der zusammen mit Jósef Medizin studierte und ihn oft besuchte. Wiktor war etwas älter als ich, hatte einen Körper wie ein Athlet, ja er war so männlich, wie ich es mir in meinen kühnsten Träumen nicht ausgemalt hatte. Sein Haar war dunkelblond, seine schwarzbraunen Augen hatten einen seltsamen Glanz.

Wir verbrachten viele Stunden gemeinsam, spielten Karten oder Schach. Großmutter kam hin und wieder ins Zimmer und fragte, ob wir nicht Hunger hätten. Mein Vetter Jósef zog sich meistens mit einem Medizinbuch zurück. Abends brachte mich Wiktor mit einem Fiaker nach Hause. Während der ganzen Strecke küßten wir uns leidenschaftlich. Bald habe ich nur noch für diese Abende gelebt. Nach einer Weile war die Idylle vorbei, Wiktor wurde ungeduldig.

»Zosia, das geht so nicht weiter. Wir können uns doch nicht ewig nur bei deiner Oma treffen. Du mußt mich in meiner Wohnung besuchen.«

Sein Drängen machte mich sehr verlegen.

»Du wohnst zur Untermiete«, sagte ich, »wenn ich dich besuche, werde ich bestimmt von Bekannten gesehen. Das kann ich mir nicht leisten. Soll ich meinen guten Namen aufs Spiel setzen?«

»Hab keine Angst, Zosia. Ich werde es so arrangieren, daß dich keiner sieht.«

»So, du willst mich also unsichtbar machen? Lernt man so was als angehender Arzt? Nein, Wiktor, es geht nicht. Versteh mich bitte.«

Als ich die Enttäuschung in seinem Gesicht bemerkte, bekam ich es mit der Angst zu tun. Würde er mich jetzt für kindisch halten oder sogar nichts mehr mit mir zu tun haben wollen? Ich nahm meinen Mut zusammen und gab ihm zu verstehen, daß ich keine Anfängerin in der Liebe sei. Auf keinen Fall sollte er erfahren, daß ich noch Jungfrau war. Ich wollte ihn nicht verlieren. Sehr gern wäre ich mit ihm in seiner Wohnung allein gewesen und fürchtete mich doch davor.

Als ich das erste Mal zu Wiktor ging, hatte ich panische Angst. Meine Beine wollten mich kaum tragen, und es kam mir so vor, als ob jeder Passant auf der Straße mir ansehen könnte, wohin ich unterwegs war. Wie sollte ich mich nur verhalten, wenn er mit mir schlafen wollte? Ich fühlte, daß ich noch Jungfrau bleiben wollte. Am meisten aber fürchtete ich, daß er mich auslachen könnte.

Bevor ich in das Haus eintrat, in dem Wiktor wohnte, drehte ich einige Runden, um mich zu vergewissern, daß mich wirklich keiner dabei beobachten konnte. Dann stieg ich langsam, sehr langsam die Treppe hinauf, bis ich endlich vor seiner Wohnungstür stand. Ich nahm meinen ganzen Mut zusammen und läutete kurz, in der Hoffnung, daß die Tür verschlossen bleiben würde und ich wieder nach Hause gehen könnte. Doch Wiktor erwartete mich schon hinter der verschlossenen Tür. Sie öffnete sich im selben Augenblick, als ich auf die Klingel drückte. Für einen Rückzug war es nun zu spät. Aber wollte ich überhaupt weg?

Wiktor nahm mich an die Hand und führte mich in sein Zimmer. Er ließ mir keine Zeit zum Nachdenken, er küßte mich leidenschaftlich und flüsterte mir ins Ohr: »Mein kleines Mädchen, endlich bist du bei mir. Ich liebe dich, Zosieńka.« Er küßte meine Augen, meinen Hals und dann meinen Mund. Sanft zog er mich aufs Bett, und plötzlich war meine Bluse offen. Ich versuchte, mich zu wehren, aber er liebkoste schon meine Brüste. Ich schloß die Augen, um besser nachdenken zu können. Doch sofort vergaß ich, daß ich Widerstand leisten wollte.

Es gab nur noch Wiktor. Als ich die Augen wieder öffnete, lag ich entblößt auf seinem Bett. »Nein, nein! Laß das!« schrie ich jetzt voller Scham. Aber es war nur mein Mund, der sich wehrte. Meine Hände umschlangen ihn ganz fest. Jeder Muskel, jedes bißchen Fleischgewebe in mir schrie jetzt nach seiner Nähe …

Wiktor hielt sich schon eine ganze Weile im Bad auf, und ich wußte nicht, ob ich liegenbleiben oder aufstehen sollte. Den roten Flecken meiner verlorenen Unschuld auf dem Laken deckte ich mit einem kleinen Kissen ab.

»Liebste, warum sagst du denn nichts? Bist du böse auf mich, Zosia?«

Wiktor war unbemerkt ins Zimmer gekommen und stand fast fertig angezogen am Bett, mir schnürte es die Kehle zu. Er umarmte mich. Dann sah er den Blutflecken.

»Zosia, mein Liebstes. Ich wußte doch nicht … Warum

hast du mir vorgemacht, daß du keine Jungfrau mehr bist? Du hättest ehrlich sein müssen. Hat es sehr weh getan?«

Mit einem Mal war meine Unsicherheit verschwunden, wie weggewischt. Ich küßte seine braunen Augen.

»Ich liebe dich, Wiktor.«

Die Zeit verging. Zwei Jahre war ich schon mit Wiktor zusammen. Er versicherte mir immer wieder, wie sehr er mich liebte. Aber heiraten wollte er mich dennoch nicht. Papa machte sich große Sorgen wegen dieser Beziehung und warf sie mir bei jeder Gelegenheit vor. Immer wenn ich mich mit Wiktor aussprechen wollte, versuchte er mich zu beruhigen. Er wäre noch zu jung zum Heiraten. Er stünde noch im Studium und wäre gar nicht in der Lage, eine Frau zu ernähren. Ich war verzweifelt, weil ich mich in dieser Situation unwohl fühlte. Nach langem Hin und Her beschloß ich, ihm ein Ultimatum zu stellen: »Entweder wir heiraten und Papa wird uns finanziell unterstützen, bis du mit dem Medizinstudium fertig bist – oder wir machen Schluß.«

»Wie du willst, Zosia, dann werden wir eben Schluß machen«, lautete seine Antwort. Wir beschlossen, uns nicht mehr zu sehen. In aller Freundschaft, versteht sich. Es waren gerade Semesterferien, und Wiktor wollte zu seiner Familie in die Gegend von Lemberg fahren, das damals noch zu Polen gehörte. Natürlich brachte ich ihn zum Bahnhof, und wir wünschten uns gegenseitig alles Gute. Lange schaute ich dem immer kleiner werdenden Zug nach und flüsterte: »Du Idiot ...«

Ich beschloß, nach Berlin zu fahren, um Wiktor schneller vergessen zu können und natürlich auch, um meine stockende Karriere voranzutreiben. Ich besuchte die Tanzschule von Kata Sterna und reihte mich ein in die lange Warteschlange der vielen tausend Schauspieler, die auf eine Karriere hofften.

Ich nahm ein kleines Zimmer in der Gervinusstraße in Charlottenburg. Meine Wirtin, Frau Schulze, war eine sehr dicke und sehr freundliche Person, ihr Mann aber war spindeldürr. Frau Schulze war Masseuse von Beruf, und zu ihren Kunden gehörten einige mehr oder weniger prominente Filmschauspieler. Sie hatte Liebhaber, die ihre Briefe immer an mich adressierten, damit Herr Schulze nichts bemerkte. Als ich einen solchen Brief überbrachte, sagte Frau Schulze, die Beine wie ein Elefant hatte, zu mir: »Sie wundern sich vielleicht über meine vielen Liebhaber, weil ich so dick bin, aber wissen Sie, es gibt Männer, die lieben dicke Frauen.«

Bei der Ufa lernte ich Willy Fritsch kennen, der nett und hilfsbereit war und der nicht gleich mit mir schlafen wollte, wie die anderen Männer, mit denen ich es beim Film zu tun bekam. Er war damals in eine leidenschaftliche Affäre mit Lilian Harvey verstrickt. Als mein Schoßhündchen Bibi, ein Rehpinscher, bei ihm einmal auf den Teppich pinkelte, hat er nur gelacht.

In der Straßenbahn wollte ich für Bibi keine Fahrkarte lösen, und so steckte ich das Hündchen unter den Mantel. Es sah aus, als wäre ich schwanger. Leider fing mein seltsamer Bauch gerade in dem Augenblick an zu bellen, als der Schaffner kam, und so mußte ich doch noch bezahlen, obwohl ich mich rauszureden versuchte, daß das bei uns in Krakau nicht üblich wäre. Vielleicht war mein Maskottchen beleidigt oder nur aufgeregt, jedenfalls lief Bibi beim Aussteigen direkt unter die anfahrende Straßenbahn, die sofort kreischend bremste. Das war sein letzter Streich, dachte ich, aber nein, kaum stand die Bahn, als Bibi auch schon völlig unversehrt hervorgetrippelt kam. Manchmal muß man sich nur klein genug machen, um zu überleben.

Willy Fritsch hatte mich einem russischen Regisseur empfohlen, der sehr korpulent war und einen fast kahlen Kopf hatte, den nur ein paar Löckchen an den Schläfen zierten. Er sagte zu mir: »Weißt du was, ich mache eine große Künstlerin aus dir, ich werde dir große Rollen geben.« Auch er wollte mit mir schlafen, doch ich wollte nicht. »Ja aber, Kind«, wunderte er sich, »warum willst du nicht? Bist du lesbisch?«

Immerhin bekam ich einige kleine Rollen bei der Ufa, etwa in dem Film *Das Spielzeug von Paris*, in dem ich auch eine Tanznummer hatte. Außerdem trat ich als Revue-Tänzerin bei Romacher auf.

Zwischendurch gönnte ich mir immer wieder etwas Ruhe, um Abstand von der Hektik der pulsierenden Metropole zu gewinnen und von den Mühen des Schauspielerdaseins. In Begleitung meiner Tante fuhr ich nach Marienbad. Schon am zweiten Tag lernte ich Rudolf Becker kennen, einen deutschen Geschäftsmann. Es war Liebe auf den ersten Blick, wenn auch etwas einseitig. Er überschüttete mich mit Blumen und Geschenken, aber ich mußte immer noch an Wiktor denken. Ich gab die Geschenke zurück und war wütend auf mich selbst, weil ich diesem liebenswürdigen Menschen Kummer bereitete.

Ich fuhr zurück nach Berlin, um über alles nachzudenken. Rudolf war ein Mann, wie ich ihn mir nur wünschen konnte. Aber er war eben nicht Wiktor, und das sprach gegen ihn. In dieser Verfassung war es sinnlos, an meiner Karriere zu arbeiten. Also packte ich meine Koffer und stieg in den Zug nach Krakau. Daß ich aus der Großstadt Berlin und aus dem Filmmilieu wieder nach Hause kam, ohne eine Affäre gehabt zu haben, war auch eine Leistung.

Papa freute sich sehr, mich wiederzusehen. »Schön, daß du da bist. Ich fahre zur Kur nach Karlsbad. Komm doch einfach mit, Zosia. Es wird dir bestimmt gefallen.«

Er schaute mich aufmerksam an. »Du möchtest nicht? Wie schade. Es hätte so schön werden können. Aber vielleicht kommst du ja noch nach. Das würde mich sehr freuen.«

Er schaute etwas unglücklich drein. »Vergiß ihn, Zosia. Es ist besser so, glaub mir, mein Liebling. Wiktor ist nicht der richtige Mann für dich.«

»Warum glaubst du das, Papa?« fragte ich ihn trotzig. »Weil er kein Jude ist?«

»Nein, mein Kind, nicht deswegen. Seine Religion ist mir egal. Das kannst du mir ruhig glauben.«

Ich dachte einen Augenblick nach, dann sagte ich: »Fahre nur, Papa, und mach dir keine Sorgen um mich. Ich bin ein großes Mädchen.«

Obwohl ich Wiktor verboten hatte, mir zu schreiben, war ich doch sehr enttäuscht, daß ich keinen Brief von ihm erhielt. Es vergingen einsame Wochen, bis ich mich entschloß, ihm nach Lemberg zu schreiben. Schließlich hatte ich ja das Verbot ausgesprochen, also war es nur natürlich, wenn ich den ersten Schritt machte. Mein Brief fiel dann etwas anders aus als ursprünglich beabsichtigt. Ich schrieb, daß Papa verreist wäre und ich mich in Krakau einsam fühlte. Im übrigen hätte ich überraschenderweise Sehnsucht nach ihm und wäre bereit, ihn wiederzusehen. Diese Zeilen ärgerten mich, ich schickte sie aber trotzdem ab. Zwei Tage später kam ein Telegramm: »Erwarte Dich übermorgen am Bahnhof. In Liebe. Wiktor.« Sollte ich wirklich fahren, fragte ich mich, während ich schon die Koffer packte. Wiktor wartet auf mich – das war ein unumstößliches Argument.

Auf dem Lemberger Bahnhof schloß mich Wiktor wortlos in seine Arme, und wir waren beide sehr glücklich, uns endlich wiederzuhaben. Wir fuhren in ein Hotel, und ich war zunächst etwas verärgert, daß er einfach ein

Doppelzimmer für uns genommen hatte. So etwas gehört sich nicht, dachte ich und versuchte, die richtigen Worte zu finden, um es ihm zu sagen. Im Zimmer angelangt, nahm mich Wiktor jedoch sofort in seine Arme, und ich vergaß meine Einwände.

Später lagen wir erschöpft und wortlos nebeneinander. Wir sprachen weder über die Heirat noch über die Trennung. Wozu auch – wir befanden uns in einem Ausnahmezustand, der solche Überlegungen unnötig machte. Und doch war mir klar, daß solche Dinge schon bald auf der Tagesordnung unserer Beziehung stehen würden.

Am nächsten Tag teilte mir Wiktor mit, daß er in der Stadt etwas zu erledigen hätte. »In einer Stunde bin ich zurück. Ruh dich etwas aus!«

Nachdem ich vier Stunden auf ihn gewartet hatte, begann ich, meine Koffer zu packen. Als er endlich wieder auftauchte und sich bei mir entschuldigen wollte, kochte ich schon vor Wut. »Laß mich gefälligst in Ruhe!« Meine Stimme war schrill und schroff. »Ich will sofort wieder nach Hause fahren. Es ist eine Unverschämtheit, mich stundenlang in einem Hotelzimmer warten zu lassen. Aber das ist ja meine Schuld. Ich hätte dir nicht schreiben und nicht herkommen sollen.«

Wiktor hörte sich das geduldig an, nahm dann meine Hand und küßte sie zärtlich. »Aber Zosia, laß es dir erklären.«

»Das hat doch keinen Zweck. Laß mich bitte gehen.« Ich war immer noch wütend.

»Zosia, ich liebe dich, und ich will es dir auch beweisen. Laß uns heiraten. Nein, sag jetzt noch nichts. Während unserer Trennung habe ich begriffen, wie sehr ich dich liebe. So einfach ist das. Diese Einsicht verlangt nach Konsequenzen, findest du nicht auch?«

Ich brachte kein Wort heraus, schaute ihn nur prüfend an.

»Aber vielleicht magst du mich nicht mehr, Zosieńka?«
Ich umarmte ihn.

»Ich will, Wiktor, ich will«, brach es aus mir hervor. Mir hatte es die Sprache verschlagen, weil ich so glücklich war. »Wir müssen Vater sofort ein Telegramm schikken, daß wir ihn zu unserer Hochzeit erwarten.«

Großmutter freute sich über diese Nachricht. Sie mochte Wiktor sehr. Vater kehrte sofort nach Krakau zurück und bot uns seine Hilfe an, er kommentierte nicht weiter, was geschehen war, sondern wünschte uns viel Glück.

Die Vorbereitungen für den großen Tag waren in vollem Gange, als plötzlich Großmutter starb. Sie wurde neben Mutter bestattet. In meinem Herzen wurde es noch etwas einsamer. Diese zwei Frauen, die da auf dem jüdischen Friedhof in Krakau lagen, waren mir so nahe gewesen, die Stützen meines jungen Lebens.

Aber ich hatte noch Vater und Wiktor. Großmutter muß etwas geahnt haben, denn sie hatte verfügt, daß im Falle ihres Ablebens die Hochzeit nicht verschoben werden dürfe. Es wurde eine kleine Feier im Familienkreis.

Wiktor gehörte zur ukrainischen Minderheit in Polen, die nach Unabhängigkeit strebte. Eine Gravur in polnischer Sprache auf unseren Eheringen lehnte er strikt ab. Er bestand auf Ukrainisch. Ich erklärte ihm, daß ich eine Polin wäre, und wenn es ihm nicht passe, dann könnten wir eben nicht heiraten. Daraufhin sagte er, daß ich in seinen Augen keine Polin, sondern eine Jüdin wäre, und daß er mich nur deswegen heiraten könnte. Schließlich heirateten wir auf dem Standesamt und verzichteten auf jegliche Gravur in den Ringen.

Wiktor hatte noch gut ein Jahr zu studieren und verdiente kein Geld. Ich beeilte mich damit, ein Engagement zu bekommen. Aber meine kleine Gage war eher ein Taschengeld und reichte nicht für unseren Lebensunterhalt. So kam Papa vorerst für uns auf, und er tat es äußerst großzügig. Es sollte ja nicht ewig so sein. Wiktor würde bald als Arzt genug Geld verdienen, und meine Gagen würden mit der Zeit immer üppiger ausfallen.

Vorerst wohnten wir mit Papa zusammen, aber das war ein Fehler. Zwar kam es zu keinen Reibereien, aber Wiktor fühlte sich nicht als Herr im Hause. Ein weiterer Fehler war, daß ich vorerst keine Kinder haben wollte. Ich fühlte mich zu jung dazu, ich hatte noch so viel vor. Ich fühlte, daß mir die ganze Welt gehören könnte, wenn ich es nur richtig anpackte. Ich war jung, ich war schön und durch Papa finanziell gesichert. Es mußte alles nach meinem Kopf gehen. Von Kompromissen hielt ich gar nichts.

Ich spielte kleinere Rollen am Krakauer Stadttheater, trat als Tänzerin unter dem Namen Claire de Lys auf und eröffnete eine eigene Tanzschule. Mein besonderes Angebot war eine Abmagerungsgymnastik für Mädchen und Frauen. Ich schickte dann Wiktor zum Türöffnen vor, denn viele Damen besuchten meine Kurse vor allem in der Hoffnung, den schönen Wiktor zu sehen.

Wie ich schon bald erfuhr, war Wiktor ein sehr bekannter Mann in Krakau geworden. Nicht etwa als Arzt, denn er hatte ja noch nicht promoviert. Er genoß einen gewissen Ruf als Frauenheld. Die Weiber umschwärmten ihn geradezu. So kam es, wie es kommen mußte. Er betrog mich, zu oft und zu ungeschickt. Mein Stolz war verletzt, die Bekannten lächelten mitleidig, und mein Vater empfahl mir offen, mich scheiden zu lassen. Bald war meine Geduld am Ende, ich packte seine Koffer und sagte mit vorgetäuschter Ruhe zu meinem Mann: »Bis hierher und nicht weiter. Die ganze Stadt lacht über mich. Ich kann und ich will nicht mehr zusehen, wie du mich betrügst. Ich werde mich von dir scheiden lassen. Verlaß bitte mein Haus.«

Er stand ganz fassungslos da. »Zosia, wie kannst du nur? Ich liebe dich doch! Verzeih mir!« Dann hielt er inne. »Wieso bist du eigentlich so sicher, daß ich dich betrüge? Die Leute erzählen viel.« Er wollte mich in seine Arme nehmen und küssen. Ich stieß ihn weg.

»Ich bin dir einige Male nachgegangen. Das war sehr beschämend und demütigend für mich. Aber du hast mir keine andere Wahl gelassen. Du hast dich mit verschiedenen Frauen getroffen, aber am häufigsten hast du Róża besucht. Sie war schon früher deine Geliebte. Vielleicht hast du die falsche Entscheidung getroffen, als du mich geheiratet hast und nicht sie. Gott, was muß ich die ganze Zeit für eine traurige Figur abgegeben haben. Aber jetzt ist Schluß damit. Ich war bei Róża und habe mich mit ihr ausgesprochen. Zuerst wollte sie nichts zugeben, aber als ich ihr gesagt habe, daß du mir alles erzählt hast, ist sie mit der Wahrheit rausgerückt.«

Wiktor packte mich am Arm und schüttelte mich wütend. »Wie konntest du das tun? Wie konntest du zu Róża gehen? Sie ist an der ganzen Sache unschuldig, du dummes Ding. Ja, ich habe dich betrogen. Aber du allein trägst die Verantwortung dafür. Ich habe dich geliebt, und ich liebe dich noch. Trotzdem habe ich dich betrogen, das ist wahr. Du bist so eingebildet, du glaubst, daß alles nach deiner Pfeife tanzen muß. Dein Vater hat mir oft zu spüren gegeben, daß ich von seinem Geld lebe. Du wolltest mich in einen goldenen Käfig sperren. ›Wohin gehst du? Was machst du? Wann kommst du zurück?‹ Du hältst mich wohl für dein Besitzstück? Aber daß du zu Róża gegangen bist, das ist wirklich der Gipfel.«

Ich war überrascht, ihn so unglücklich zu sehen. Vielleicht war er es schon die ganze Zeit, und ich hatte es nur nicht bemerkt? Aber was war mit meinem Unglück, mit meiner Erniedrigung? Hat ihn das zurückgehalten? Er machte es sich zu leicht.

»Warum hast du mir nicht gesagt, daß du unglücklich bist, Wiktor? Daß du dich eingeengt fühlst durch mich? Papa ist ein guter und großzügiger Mensch. Er hat dich nie spüren lassen, daß du auf seine Kosten lebst. Er hatte es nur satt zuzuschauen, wie du mich betrügst. Gut, ich habe mich hinreißen lassen und bin zu Róża gegangen. Aber es war kein Vergnügen, es war eine Erniedrigung für mich. Ist dir eigentlich klar, was du in dieser kurzen Zeit aus meinem Leben gemacht hast?«

Wiktor nickte mit dem Kopf. Er kniete vor mir nieder.

»Zosieńka, du mußt mir glauben, du bist die einzige Frau, die ich liebe. Ja, ich gebe es zu, ich habe dich betrogen, aber diese Bettgeschichten haben mit unserer Liebe nichts zu tun. Sie bedeuten mir nichts. Verzeih mir, und wir fangen von vorne an. Gib uns noch eine Chance.«

Ich wollte ihm so gern verzeihen, ihn umarmen und ihn küssen, aber mein Mund gehorchte mir nicht. Meine Hände waren wie gelähmt.

»Nein, du wirst dich nie ändern. Du wirst mich immer wieder betrügen, und ich werde es nicht ertragen können. Scheidung ist die einzige Lösung. Deine Koffer sind bereits gepackt. Bitte, geh!«

Er schaute mich an wie ein verwundetes Tier. Dann nahm er seinen Koffer, setzte seinen Hut auf und verließ die Wohnung, ohne ein Wort zu sagen. Ich fühlte mich im Recht, und Strafe mußte schließlich sein. Außerdem war ich überzeugt, daß er wieder zurückkommen würde zu mir.

Wiktor kam nicht zurück. Vielleicht war ich zu stur. Vielleicht hätte ich ihn nicht hinauswerfen sollen. Vielleicht hätte ich ihm verzeihen sollen. Habe ich damals mein Leben zerstört? Aber ein Mann wie Wiktor würde sich nie ändern, und ich wäre nie in der Lage, sein

Verhalten hinzunehmen. Heute, nach so vielen Jahren, glaube ich zu verstehen, daß man lieben und trotzdem betrügen kann. Das sagt mir mein Verstand. Mein Gefühl sagt mir, daß ich diesen Zustand auch heute nicht ertragen könnte.

Es vergingen Wochen, und ich blieb allein. Durch Bekannte erfuhr ich, daß Wiktor bei Róża wohnte. Ich überwand mich und rief ihn an.

»Ich denke, du willst nichts mehr von mir wissen?«

Seine Stimme klang sehr kalt.

»Ich wollte nur fragen, wie es dir geht.«

Ich fühlte mich verlegen und ungeschickt.

»Ich hätte dich nicht gehen lassen sollen, nicht so. Es war dumm von mir.«

Ich nahm meine ganze Kraft zusammen und fügte hinzu: »Willst du zurückkommen?«

»Nein, Zosia, ich komme nicht mehr zurück.«

Mir war zum Weinen zumute.

»Liebst du mich nicht mehr, Wiktor?«

»Ich weiß es nicht.« Seine Stimme wurde etwas weicher. »Du bist mir nicht gleichgültig, aber ich kann nicht zurück. Du hast mich weggejagt wie einen räudigen Hund. Es ist Schluß, Zosia, ich werde nie zurückkommen. Ich wünsche dir alles Gute. Bitte ruf mich nicht mehr an.«

Mit diesen Worten legte er den Hörer auf.

Meine Karriere machte einen kleinen Schritt voran. Ich erhielt ein festes Engagement am Stadttheater in Krakau. Zwar spielte ich weiterhin nur kleine Rollen, aber das Umfeld war so wohltuend professionell. Wiktor hat nichts von sich hören lassen, und ich rief ihn auch nicht mehr an. Manchmal sah ich ihn auf der Straße oder in einem Kaffeehaus, meistens in Begleitung von Róża. Einige Jahre vergingen, ich hatte Verhältnisse mit anderen

Männern, aber Wiktor konnte ich nicht vergessen. Ich liebte ihn noch immer. Ich feierte so manche Nacht durch und amüsierte mich prächtig dabei. Wiktors Schatten wich nicht zurück. War er es wirklich wert, daß ich so lange um ihn zu trauerte? Aber war er nicht mein erster Mann gewesen, mein Märchenprinz?

Seine Beziehung zu Róża hielt an. Wer hätte das gedacht. Es hieß, er würde sie oft betrügen, aber sie drückte beide Augen zu. War sie gescheiter als ich, oder liebte sie ihn womöglich mehr?

Auch nach dem Tod meiner Mutter war mein Vater so elegant und gepflegt geblieben, wie ich ihn immer gekannt hatte. Seinen Bart hatte er sich längst abnehmen lassen, er hatte nur einen kurzen Schnauzer behalten. Die Frauen liefen ihm nach. Wenn er eine neue Freundin hatte, bat er mich manchmal, ein Abendessen für sie zu bereiten oder sie ins Stadttheater zu begleiten, dessen Direktor ihm ständig eine Loge reservierte. Aber nach kurzer Zeit kam er dann immer zu mir und fragte mich: »Wie soll ich sie nur wieder loswerden?«

Dieser Zirkus wurde mir bald zu lästig, und ich sagte: »Papa, du kannst gerne deine Freundinnen haben, aber laß mich bitte in Ruhe damit. Ich möchte mich nicht mehr mit ihnen abgeben.«

Eines Tages stand mein Vater vor mir und schaute mich verlegen an. So hatte ich ihn noch nie gesehen.

»Ich möchte mit dir sprechen, Zosia.«

Ich mußte lachen. »Aber was hast du denn auf dem Herzen, mein kleines Papilein?«

»Mein liebes Mädchen, sei mir nicht böse«, sagte er, und er stotterte fast, »ich habe eine liebe und gute Frau kennengelernt, und wir wollen heiraten.«

Ich umarmte ihn so schnell, daß er die Tränen in meinen Augen nicht sehen konnte.

»Das ist doch wunderbar, Papa, ich freue mich sehr für dich. Du warst so lange allein. Viel zu lange. Ich wünsche dir viel Glück.«

Vater schaute mich erleichtert an: »Bist du wirklich nicht böse auf mich?«

»Aber Papa, wieso denn? Ich bin froh, daß du jemand gefunden hast, mit dem du dein Leben teilen willst.«

Er küßte mich. »Na, dann ist ja alles gut, mein Mädchen. Jetzt werden wieder zwei Frauen im Hause sein. Du wirst dich gut verstehen mit Zuzia. Und dann wirst du hoffentlich etwas häufiger im Haus sein. – Weißt du, Zosia, ich mache mir Vorwürfe, daß ich zu deiner Trennung von Wiktor beigetragen habe. Ich weiß sehr wohl, daß du seitdem nicht mehr glücklich bist. Vielleicht kann dir Zuzia besser helfen als ich. Sie ist eine gute und gescheite Frau.«

Papa traf meinen wunden Punkt. Aber wie sollte seine neue Frau mir dabei helfen können, Wiktor zu vergessen?

»Ach, Papa, was machst du dir für Gedanken? Wiktor ist für mich längst Vergangenheit, das kannst du mir glauben.«

»Um so besser, Zosia. Aber warum läßt du dich dann nicht scheiden und heiratest wieder? Glaubst du nicht, daß es an der Zeit wäre, etwas mehr Ordnung in dein Leben zu bringen? Manchmal frage ich mich, ob ich es wohl noch erlebe, Enkelkinder zu haben.«

Mein Vater tat mir in dem Augenblick fast leid. Wie gerne hätte ich ihm Enkelkinder geschenkt – von Wiktor. Doch Papa sollte es nie erleben, Enkelkinder zu haben.

Zuzia war wirklich lieb, und wir verstanden uns auf Anhieb. Trotzdem bin ich aus Papas Wohnung ausgezogen. Das war ihm gar nicht recht, doch lernte er mit der Zeit, meinen Willen zu respektieren. Ich besorgte mir eine schöne Zweizimmerwohnung und richtete sie nach meinem Geschmack ein. Ich lebte so ziemlich in den Tag hinein, Theater, Kaffeehaus, Empfänge, Bälle, Besuche bei Papa und Zuzia.

Eines Tages, oder besser gesagt: eines Abends lernte ich Olek kennen. Es war in einem Tanzlokal, in das ich mit guten Bekannten gegangen war. Olek war hellblond und hatte wunderbare blaue Augen. Seine Gestalt war recht imponierend, aber er war doch nicht ganz so athletisch wie Wiktor – hörten denn diese Vergleiche niemals auf? Den ganzen Abend haben wir miteinander getanzt, und Olek schaute mich dabei sehr verliebt an. Er erzählte mir, daß er vor wenigen Wochen aus Südamerika gekommen wäre – wohl einer der vielen Auslandspolen. Er müßte bald nach Warschau, wo er auf der Gesandtschaft seines Landes tätig war. Das war die Gelegenheit, Wiktor endlich aus meinem Leben zu verbannen.

An diesem Abend habe ich übermäßig viel getrunken, und als Olek mich nach Hause brachte, habe ich mich überreden lassen, ihn auf einen Kaffee in meine Wohnung mitzunehmen.

»Eine schöne Wohnung«, sagte er anerkennend. »Kommen eigentlich viele Männer hierher?«

Trotz meines alkoholisierten Zustands wurde ich sehr zornig.

»Wenn das ein Scherz sein sollte, mein Herr, dann ist er ganz schön daneben gegangen. Genau wie Ihr Benehmen. Sind Sie hierhergekommen, um mir solche unverschämten Fragen zu stellen?«

Er zuckte zusammen. »Seien Sie nicht böse auf mich, schöne Frau. Ich benehme mich wie ein Idiot, das ist eine Spezialität von mir, müssen Sie wissen. Das muß an der Eifersucht liegen. Ich bitte um Verzeihung.«

»Schon eifersüchtig? Das fängt ja gut an. Aber glauben Sie nicht, daß es besser wäre, nach Hause zu gehen, um weiteren idiotischen Äußerungen vorzubeugen? Sie haben viel zuviel getrunken, mein Herr.«

»Ich bin wirklich eifersüchtig. Ich bin eifersüchtig auf Ihr ganzes Leben, bis zum heutigen Tag. Es mag idiotisch klingen, aber es ist die Wahrheit.«

Er kam auf mich zu und küßte mich stürmisch. Ich riß mich los.

»Nehmen Sie sich etwas zu trinken, mein Herr, das wird Sie abkühlen, bevor Sie Ihren Weg nach Hause antreten. Mich entschuldigen Sie bitte.«

Ich ging ins Bad, um mich frisch zu machen. Ich war jetzt so müde, daß ich am liebsten sofort aufs Bett gefallen wäre. Zuerst aber mußte ich diesen Verrückten loswerden. Dieser polnische Südamerikaner konnte mir noch lästig werden. Ich ließ mir viel Zeit, in der Hoffnung, daß sich das Problem von selbst lösen und mein Besucher verschwinden würde.

Ich stand splitternackt vor dem Spiegel, als er plötzlich ins Bad stürmte. Du blöde Kuh, schoß es mir durch den Kopf, warum hast du nicht die Tür abgeschlossen! Ich griff nach einem Badehandtuch, aber Olek war schneller. Er hob mich vorsichtig hoch, als ob ich eine Feder wäre, und trug mich ins Wohnzimmer. Dort legte er mich behutsam auf die Couch. Ich war wie gelähmt. Blitzschnell riß er sich die Kleider vom Leib, und ehe ich wieder zu mir kam, lag er schon neben mir nackt auf der Couch. Er liebkoste meinen Körper so zärtlich, daß ich ins Staunen geriet. Soviel Gefühl hatte ich ihm nicht zugetraut. Langsam erwachte ich aus meiner Lethargie, doch statt mich zu wehren, ergab ich mich mehr und mehr seinen Händen. Zu meiner Überraschung stellte ich plötzlich fest, daß ich nicht mehr an Wiktor denken mußte. Zum ersten Mal stand die Erinnerung an meinen ersten Mann nicht mehr zwischen mir und meinem Partner.

Als ich meine Augen langsam öffnete, sah ich das lächelnde Gesicht von Olek. Ich war wie verzaubert. Nachdenklich streichelte er mein Haar.

»Wer ist eigentlich Wiktor?« fragte er leise.

»Wiktor?« erwiderte ich entsetzt, »wie kommst du darauf?«

»Nun, soweit ich mich erinnern kann, heiße ich Olek. Aber du hast in meinen Armen immerzu ›Wiktor‹ geflüstert.«

Ich war erschüttert.

»Es tut mir leid, aber du kannst mir glauben, es hat nichts zu bedeuten.«

»So, so, und wer ist nun dieser geheimnisvolle Wiktor? Willst du es mir nicht sagen?«

»Er ist mein Ehemann. Das heißt, er war es. Auf dem Papier ist er es immer noch. Bist du mir böse?«

»Nein, aber in Zukunft, wenn wir zusammen sein werden, solltest du ausschließlich an mich denken, wenn ich bitten darf.«

»Ach ja, wir haben also eine gemeinsame Zukunft? Wenn es so ist, wage ich schon jetzt nicht, an jemand anders zu denken als an dich. Zufrieden?«

Olek küßte mich.

»Du kleine Hexe, du hast mich verzaubert. Schade, daß ich Krakau verlassen muß. Aber ich komme dich so oft wie möglich besuchen, und du kommst auch zu mir nach Warschau. Versprochen?«

»Versprochen!«

Wieder verging ein Jahr. Trotz der Entfernung, die uns trennte, waren Olek und ich oft zusammen. Wir haben uns abwechselnd besucht. Ich habe ihn sehr gern gewonnen, aber geliebt habe ich nach wie vor nur Wiktor.

Olek wollte mich heiraten, und wir sprachen oft darüber. Auf seine Bitte bin ich zum katholischen Glauben übergetreten. Das hielt er wegen seiner Diplomatenkarriere für notwendig. Da ich mich seit Jahren hauptsächlich in polnisch-katholischen Kreisen bewegte, stellte das kein größeres Problem für mich dar. Papa war dagegen, doch als er erfuhr, daß ich mich von Wiktor scheiden lassen würde, um Olek zu heiraten, gab er zögernd nach.

»Wenn du dann endlich dein Glück findest, dann soll es so sein.«

»Aber Papa, durch den Glaubenswechsel werde ich doch kein anderer Mensch.«

Ich erhielt Einzelunterricht in der katholischen Glaubenslehre von einer alten und ziemlich mürrischen Nonne. In einer kleinen Prüfung mußte ich Kenntnisse von Bibel, Beichte und Gebet nachweisen, dann wurde ich in der Marienkirche getauft. Aber mit der Heirat hatte ich es nicht so eilig.

Meine Beziehung zu Olek war gut, und ich war sicher, daß ich früher oder später Wiktor vergessen würde. Olek kam immer öfter nach Krakau. An einem Abend saßen wir in einem Tanzcafé, und ich hatte wieder einmal etwas zuviel getrunken. Olek störte sich nicht daran. Er saß dicht neben mir und flüsterte mir unentwegt Liebesworte ins Ohr. Dann aber schaute ich auf und blickte zu einem anderen Tisch hinüber – dort saß Wiktor in Gesellschaft einiger Herren, die ich nicht kannte. Mir schoß das Blut in den Kopf, und mein Herz schlug so heftig, daß ich zu zittern begann. Die Musik spielte auf. Sie spielte unseren Lieblingstango, und Olek forderte mich zum Tanzen auf. Ich schmiegte mich so fest an ihn, daß ich fast keine Luft mehr bekam. Wiktor sollte sehen, daß ich ohne ihn auskam, daß ich einen anderen liebte. Er sollte aber auch sehen, was er verloren hatte.

Inzwischen hatte Wiktor mich entdeckt, er begrüßte mich von weitem mit einem breiten Lächeln, und ich nickte zur Erwiderung leicht mit dem Kopf.

»Wen hast du gegrüßt?« wollte Olek wissen.

»Einen Bekannten«, sagte ich ausweichend. »Laß uns wieder an den Tisch zurückgehen. Ich möchte nicht mehr tanzen. Ich möchte noch etwas trinken.«

Olek schaute mich besorgt an. Wir setzten uns an den Tisch, ich wollte mir einen Cognac eingießen, aber die Flasche war bereits leer. Mit viel zu lauter Stimme rief ich nach der Bedienung.

»Aber Zosia, was ist denn auf einmal los mit dir? Schrei doch nicht so laut. Der Kellner wird bestimmt gleich kommen.«

Mein Begleiter war sichtlich verlegen. Aber ich hatte das Bedürfnis, meine Verzweiflung sofort zu ertränken. Da saß Wiktor, so nah und doch so fern. Wie sollte ich damit fertig werden?

Der Kellner verbeugte sich. »Was darf es sein, gnädige Frau?«

»Eine Flasche Hennessy!« schrie ich noch lauter. Olek versuchte wieder, mich zu beruhigen.

»Zosia, um Gottes willen, so kenne ich dich gar nicht. Du hast etwas zuviel getrunken. Laß uns nach Hause gehen.«

Aber da kam schon der Kellner. Ich entriß ihm die Flasche und goß mir ein volles Glas Cognac ein. Ich trank schweigend und goß immer wieder nach. Plötzlich stand Wiktor vor mir. Er ignorierte Olek völlig, verbeugte sich vor mir und sagte: »Darf ich um den Tanz bitten?«

»Die Dame tanzt mit mir, mein Herr«, sagte Olek, völlig unterkühlt. Aber was ging mich Olek, was ging mich die restliche Welt noch an in diesem Augenblick? Wiktor war wieder da, und er wollte mit mir tanzen. Die Dame in mir ertrank in einem See aus Cognac.

Ich stand auf und reichte Wiktor die Hand. Er führte mich zur Tanzfläche. Fest umklammert bewegten wir uns zu der Musik. Um mich herum war alles dunkel. Nein, nicht alles, ein Lichtstrahl erleuchtete mich: Wiktor!

»Du benimmst dich skandalös, und du bist betrunken«, sagte Wiktor. »Wie ich sehe, hast du dich bereits getröstet. Wer ist der Kerl, mit dem du hier bist?«

Eine Hoffnung stieg in meinem Herzen auf.

»Eifersüchtig?« fragte ich kokett.

»Eifersüchtig?« wiederholte er. »Nein, ich finde nur, daß du mich schnell vergessen hast.«

»Schnell?« Ich lachte auf. »Es ist dir vielleicht entgangen, daß seit unserer Trennung bereits drei Jahre vergangen sind. Du hast mich verlassen, falls du dich erinnern kannst.«

»Das ist ja die Höhe«, sagte er und drückte mich noch fester an sich. »Ich dich verlassen? Du hast mich rausgeschmissen. Wohl ein schlechtes Gedächtnis, meine Schöne?«

Die letzten Worte hatte er in mein Ohr geflüstert. Die Musik hörte auf zu spielen. Wiktor führte mich wortlos auf die Straße hinaus. Ich versuchte, klar zu denken.

»Moment mal, ich bin nicht allein gekommen. Ich muß zu meinem Bekannten zurück.«

»Du meinst wohl zu deinem Geliebten?«

Sein Griff an meiner Hand wurde unerträglich fest. Ein Taxi fuhr gerade vor, und Wiktor öffnete die hintere Autotür.

»Steig ein, Zosia!«

»Nein, so geht es nicht, bitte nicht.«

Meine Lippen bewegten sich, aber mein Körper war wie gelähmt. Er stieß mich in das Auto hinein. Wiktor war wieder da, und er suchte meine Nähe. Wie wunderbar!

»Fahren wir zu dir oder zu mir?« fragte er.

»Das geht nicht, Wiktor. Meine Handtasche und mein

Begleiter sind doch noch im Lokal. Laß uns bitte zurückkehren. Du kannst mich nicht einfach so überrumpeln. Ich kann das Olek nicht antun. Das hat er nicht verdient.«

»Olek heißt er also. Wenn er dir so wichtig ist, dann steig aus und geh zu ihm.«

»Ja, genau das werde ich auch tun«, sagte ich und blieb reglos sitzen. Der Alkohol lähmte meine Gliedmaßen so sehr, daß ich nicht von der Stelle kam.

»Haben Sie sich nun entschlossen, wo es hingehen soll?« warf der Taxifahrer ungeduldig ein.

»Grand Hotel.« Seine Stimme klang entschlossen. »Du bist immer noch meine Frau, Zosia, vergiß das nicht.«

Ich lag mit geschlossenen Augen im Bett und bildete mir ein, daß Wiktor nie von mir weggegangen war. Wie hatte ich nur so viele Jahre ohne ihn leben können? Aber bewirkte diese gemeinsame Nacht unsere Versöhnung? Würde er jetzt bei mir bleiben?

Ich küßte ihn. »Liebling, warum konnten wir nicht zu dir fahren? Hier im Hotel ist es so unpersönlich. Ich fühle mich so anonym. Wohnst du nicht allein?«

»Zosia, laß die Fragen, sie führen zu nichts, glaube mir.«

»Róża?« fragte ich von Angst erfüllt. Ich nahm meinen ganzen Mut zusammen. »Wiktor, bitte komm zu mir zurück.«

Er bekam sofort eine Falte um seinen Mund, und ich wußte zu gut, was das bedeutete. Er war verlegen, mein Vorstoß mußte ihm äußerst unangenehm sein. Trotzdem nahm er mich in die Arme, küßte mich und streichelte mich und sagte ganz leise zu mir: »Ich kann nicht zu dir zurückkommen, Zosia. Es gibt jetzt eine Frau in meinem Leben. Sie hat sich meiner angenommen, als du mich hinausgeworfen hast. Ich habe damals ja noch studiert und war völlig mittellos, das hast du gewußt. Du kennst meine Familie, sie ist nicht reich, mein Vater konnte mir damals nicht unter die Arme greifen. Ich hatte keine Bleibe, kein Geld. Was sollte ich tun? Sie hat mir damals geholfen, und ich schulde ihr viel. Ich habe dich sehr geliebt, Zosia, damals.«

»Ja, und sehr betrogen«, sagte ich verbittert.

»War es wirklich so schlimm für dich? Es waren bedeutungslose Eskapaden, die dir nicht gefährlich werden konnten. Es soll Männer geben, die einfach nie nein sagen können, wenn sich eine Gelegenheit ergibt. Und ich gehöre wohl zu dieser Sorte. Wie dem auch sei, es ist zu spät, Zosia. Ich kann Róża nicht im Stich lassen.«

»Also doch Róża! Ich wußte es.«

»Róża oder eine andere, was hat das für uns noch zu bedeuten? Du hast mich damals wie einen Hund auf die Straße gejagt.«

Ich überwand meinen Stolz und versuchte, über meinen Schatten zu springen. »Ich weiß, Liebling, daß ich damals falsch gehandelt habe. Aber ich war so verletzt. Du hast mich zum Gespött der ganzen Stadt gemacht. Sicher, wenn man liebt, muß man auch verzeihen können. Ich habe einen Fehler begangen, als ich dich aus der Wohnung fortgeschickt habe. Aber ich liebe dich, und ich kann nicht ohne dich leben.«

Ich wußte, daß ich alles gesagt hatte, was ich sagen konnte, und ich wußte, daß meine Worte ihn nicht überzeugen würden. Ich fühlte mich völlig ausgelaugt.

»So schlimm wird es nicht sein, Zosia. Es gibt auch andere Männer in deinem Leben. Olek zum Beispiel.«

»Ja, Olek. Ich habe mich ihm gegenüber schrecklich benommen. Aber ich konnte nicht anders handeln, auch wenn ich mich jetzt dafür hasse. Meine Liebe zu dir war stärker.«

Wiktor winkte ab. »Zosia, es hat keinen Sinn. Man kann die Zeit nicht zurückdrehen. Du selbst hast mich in die Arme von Róża getrieben, und es kam, wie es kommen mußte.«

»Ja, Wiktor, so ist es wohl.« Ich gab endlich nach. »Aber das Ganze hat auch eine komische Seite, eine bitter-komische Seite. Als du noch mit mir zusammen warst, hast du mich mit Róża betrogen. Jetzt, wo du mit ihr zusammen bist, betrügst du sie mit mir. Du bist ein Mistkerl, Wiktor.«

»Aber Zosia, wir sind nicht hier, um über die Vergangenheit zu reden. Laß uns die Gegenwart genießen. Alles andere hat keinen Sinn.«

Ernüchtert schaute ich ihn an. Nein, dieser Kerl war es wirklich nicht wert, daß ich ihm so viele Jahre nachtrauerte. Er beugte sich über mich, und ich vergaß sofort meine klugen Gedanken. Feiern wir also den Abschied, weinte ich in mich hinein. Es ist ja doch vorbei.

Ich stand vor meiner Wohnungstür und zitterte vor Kälte. Mir war elend zumute. Wie sollte ich nur Olek unter die Augen treten? Ich schämte mich. Was ich getan hatte, war nicht zu entschuldigen. Auf der kurzen Strecke zwischen dem Tanzcafé und dem Grand Hotel war meine Selbstachtung verlorengegangen.

Ich hatte keinen Wohnungsschlüssel, da ich nicht nur meinen Begleiter, sondern auch meine Handtasche im Lokal zurückgelassen hatte. Hilflos drückte ich auf die Klinke. Die Tür sprang sofort auf. Olek mußte auf mich gewartet haben. Er packte mich grob an der Hand und zerrte mich in die Wohnung.

»Wo warst du die ganze Nacht?«

Ich riß mich los.

»Laß mich in Ruhe. Ich bin müde und habe Kopfschmerzen.«

Da schlug Olek zu. Ich wußte nur zu gut, daß ich die Schläge verdient hatte, war aber nicht bereit, sie einfach hinzunehmen.

»Wage es nicht noch einmal!« zischte ich.

Er fing sich aber schon wieder, war über seinen Ausbruch selbst erschrocken.

»Verzeih mir, aber ich habe die ganze Nacht auf dich gewartet. Ich war wütend und besorgt. Wie konntest du mir das antun? Jetzt stehst du da und hast mir nicht mehr zu sagen, als daß du müde bist und Kopfschmerzen hast. Das ist nicht genug, verdammt noch mal!«

Wie recht er hatte! Was sollte ich zu meiner Verteidigung sagen?

»Es tut mir leid, Olek. Verzeih mir, wenn du kannst. Ich wage nicht einmal, dich darum zu bitten. Ich finde nicht die richtigen Worte. Ich war gemein und rücksichtslos. Der Alkohol hat mich schwach gemacht. Ich weiß, daß das keine Entschuldigung ist …«

»Es war dein Mann, nicht wahr?«

Oleks Gesicht war sehr angespannt.

»Ja, es war mein Mann. Der Teufel soll ihn holen. Glaube mir, ich wollte dir nicht weh tun. Ich konnte nicht anders, ich komme einfach nicht von ihm los. Als ich dachte, daß ich es mit deiner Hilfe geschafft habe, da war er plötzlich wieder da, und ich hatte keine Chance mehr. Kannst du das wenigstens ein bißchen verstehen, Olek?«

»Ich verstehe es sehr gut. Vor allem verstehe ich endlich, warum du die ganze Zeit gezögert hast, mich zu heiraten. Ich war nur ein Mittel zum Zweck. Eine Art Betäubungsmittel gegen deinen Mann. Hast du mit ihm geschlafen? Wo habt ihr es getrieben? Im Hotel? Ich Idiot habe die ganze Nacht auf dich gewartet.«

Ich wollte am liebsten im Boden versinken vor Scham.

»Wiktor war meine erste Liebe, der erste Mann in meinem Leben. Du bist mir wirklich nicht gleichgültig.

Hab Geduld mit mir, wenn du mich noch lieben kannst. Ich brauche Hilfe.«

Olek trat ganz dicht an mich heran.

»Zosia, heirate mich, und wir vergessen alles, was gewesen ist. Ich liebe dich doch«, sagte er fast entschuldigend. Ich war gerührt. Er war wirklich bereit, mir zu vergeben. Ja, Olek liebte mich wirklich.

»Ich danke dir. Du bist sehr lieb und verständnisvoll. Viel mehr, als ich es verdiene. Wir werden uns später über die Zukunft unterhalten. Ich habe keine Kraft mehr. Laß mich jetzt bitte allein. Ich danke dir für alles.«

Olek sagte noch, daß er bereit wäre, auf mich zu warten, so lange es sein müßte und daß er mich sehr, sehr liebe. Dann verließ er die Wohnung. Ich ließ mich aufs Bett fallen und begann zu weinen. Das Kapitel Wiktor war wohl zu Ende.

Das Kapitel war noch nicht zu Ende. Nach der besagten Nacht kam Wiktor immer wieder in meine Wohnung, und ich wies ihm nicht die Tür, was mir großen Kummer bereitete.

Ich war besessen von dem Gedanken, ein Kind von ihm zu bekommen, wurde aber nicht schwanger. Ich konsultierte einen Frauenarzt, und er sagte mir, daß es höchst unwahrscheinlich sei, daß ich überhaupt je ein Kind bekäme. Der Arzt kannte Wiktor, wußte aber nicht, daß wir getrennt leben. So erzählte er ihm von meinem Besuch und bedauerte, keine günstigere Prognose stellen zu können. Wiktor tobte.

»Du wolltest mich hintergehen und mir ein Kind präsentieren, um die Fortsetzung unserer Ehe zu erzwingen. Ohne mich, meine Teure.«

Er ging und kam nicht wieder zurück. Ich fühlte mich sehr allein. Vater war mit Zuzia verreist, und Olek schrieb mir nicht mehr, nachdem ich keinen seiner

Briefe beantwortet hatte. Eines Mittags klingelte es an meiner Tür: Wiktor stand im Flur.

»Wiktor, du? Du bist zu mir gekommen! Ich freue mich, dich zu sehen.«

Er trat ein, blieb aber verlegen stehen, ohne mich richtig zu begrüßen.

»Möchtest du etwas trinken?« fragte ich ihn, um Zeit zu gewinnen.

»Nein, Zosia, ich muß wieder gehen.«

»Gleich wieder gehen? Setz dich doch einen Augenblick.«

»Zosia, was ich dir sagen muß, ist mir sehr peinlich. Versteh mich bitte …«

So verunsichert hatte ich Wiktor noch nie erlebt und ich hätte es genossen, wenn nicht dieser Blick in seinen Augen gewesen wäre.

»Zosia, ich will die Scheidung.«

Seine Worte trafen mich wie ein Donnerschlag.

»Sie erwartet ein Kind von mir.«

Ich setzte mich auf das Sofa und vergrub mein Gesicht in meinen Händen. Das durfte einfach nicht sein. Dann schaute ich wieder auf und sagte flehend: »Bitte sag, daß es nicht wahr ist. Bitte!«

»Es ist wahr, Zosieńka. Bitte weine nicht.«

»Es ist passiert – keiner trägt die Schuld – du machst es dir wieder mal sehr einfach! Soll ich dir Glück wünschen, soll ich euch beiden gratulieren? Was erwartest du denn?«

»Hör auf, Zosia. Das bringt doch nichts. Schließlich warst du es, die mich fallenließ. Róża hat mich in einer sehr schwierigen Lage bei sich aufgenommen. Ich schulde ihr viel. Sie paßt zu mir, und ich werde sie heiraten.«

»Das ist wahr, Wiktor, Róża paßt besser zu dir als ich. Sie kann über deine Seitensprünge hinwegsehen.«

Wiktor nickte zustimmend.

»So ist es wohl. Die Zukunft wird es zeigen. Auch du wirst jemanden finden, Zosia, der besser zu dir paßt. Bis dahin können wir uns weiter treffen, wenn du willst. Nur Róża darf nichts davon erfahren.«

Mir verschlug es fast die Sprache.

»Du bist ein Schuft, Wiktor, du kennst kein Schamgefühl. Du kannst die Scheidung haben. Du sollst deine Róża heiraten und Kinder mit ihr haben. Aber geh jetzt, verschwinde! Mir wird ganz übel. Hast du eigentlich kein Ehrgefühl?«

Wiktor ging, und ich mußte nicht mehr meine Tränen unterdrücken. Irgendwann, wenn ich nicht mehr weinen müßte, würde ich an Olek nach Warschau schreiben.

Ich saß im Gerichtssaal und wartete auf die Verhandlung. Ich hatte mein bestes Kleid angezogen. Ich hatte mich schön gemacht, um mich von dem Mann scheiden zu lassen, den ich liebte. War die Welt verrückt oder war ich es? Ich saß Wiktor gegenüber und schaute ihn lächelnd an. Er erwiderte mein Lächeln.

Wenn man sich scheiden lassen will, muß man vor Gericht einen Grund angeben. Das hatte uns mein Anwalt gesagt, der zugleich mein Onkel war. Nach einigem Zögern hatten wir uns für einen Scheidungsgrund entschieden: gegenseitige Abneigung.

Zuerst wurde Wiktor gehört. »Herr Doktor Kraiczak, warum wollen Sie sich von Ihrer Frau scheiden lassen?« Wiktor schaute etwas verlegen drein, aber der Richter war erbarmungslos. »Ihre Antwort, Herr Doktor!«

Mein Blick hing an seinen Lippen. Wird er es wirklich aussprechen? ›Gegenseitige Abneigung.‹ Oder wird er aufstehen und sagen: ›Hohes Gericht, ich will mich ja gar nicht scheiden lassen, ich liebe meine Frau. Wir schlafen so gern miteinander.‹

Wiktors unterkühlte Stimme rüttelte mich wach.

»Weil ich unüberwindliche Abneigung gegen meine Frau verspüre.«

»Und Sie, gnädige Frau?« Der Richter schaute mich an und konnte dabei ein flüchtiges Lächeln nicht unterdrücken.

»Ja, ich empfinde eine unüberwindliche Abneigung gegen diesen Mann.«

Der Richter hustete laut.

»Meine Herrschaften, Sie machen mir meine Aufgabe wirklich nicht leicht. Wie soll ich diesen Unsinn glauben? Sie sind zwei schöne, junge Menschen. Und Sie beteuern beide Ihre gegenseitige Abneigung. Das erscheint mir unglaubwürdig.«

Da stand der Anwalt, mein Onkel, auf und sagte: »Hohes Gericht, es ist eine Tatsache, daß diese zwei Menschen nicht mehr miteinander leben wollen. Ich glaube, wir müssen es einfach akzeptieren.«

Sogleich sprang Wiktors Anwalt auf: »Mein Mandant will wieder heiraten. Seine Verlobte erwartet ein Kind.«

Ich war geschieden. Alles war viel schneller abgelaufen als gedacht. Der Richter hatte keine weiteren Einwände gehabt. Als ich das Gerichtsgebäude verließ, schien mir die Sonne ins Gesicht. Es war ein wunderschöner Frühlingstag. Die Sonne lächelte mich an, als wollte sie mich trösten. Hinter mir hörte ich eilige Schritte. »Zosia!« Wiktor war mir nachgegangen.

»Ich möchte nicht, daß wir so auseinandergehen. Abneigung, Abscheu – diese Wörter können doch nicht fassen, was zwischen uns wirklich war. Ich möchte dir sagen, wie leid es mir tut, daß alles so gekommen ist. Vielleicht habe ich mich falsch entschieden, aber ich hatte doch keine Wahl. Róża ist die richtige Frau für mich. Sie läßt mir meine Freiheit, und sie erwartet ein Kind von mir.«

»Hör doch auf, Wiktor, das hat doch alles keinen Sinn mehr jetzt. Warum erzählst du mir das alles? Du brauchst dich nicht vor mir zu rechtfertigen.«

Er blieb stehen und schaute unentschlossen auf die Tüte Erdbeeren, die er in der Hand hielt. Er schob sich eine in den Mund, hielt mir die Tüte hin und fragte: »Möchtest du auch eine Erdbeere?«

Ich nahm eine und sagte: »Eine süße Erdbeere ist genau das, was ich jetzt brauche. Geh jetzt, Wiktor, geh in dein neues Leben und werde glücklich. Ich werde es auch versuchen. Ich trage dir nichts nach. Und du sei mir bitte auch nicht böse.«

Noch ein paar Sekunden standen wir schön wie ein Traumpaar im Kino auf den sonnenüberfluteten Treppen des Gerichtsgebäudes. Dann gingen wir auseinander.

Den Weg nach Hause ging ich zu Fuß. Ich war müde, richtig zerschlagen und wollte nur ins Bett. Schlafen, schlafen und nochmals schlafen. Wer schläft, muß nicht denken, und denken durfte ich jetzt unter keinen Umständen. Als ich endlich vor meiner Wohnungstür stand, fühlte ich mich etwas besser. Allein sein und niemanden sehen müssen, das war jetzt das Beste. Wieder in meiner Wohnung, steuerte ich das Wohnzimmer an.

»Hallo, Zosia!«

Vor mir stand Olek.

»Verzeih mir, daß ich so reinplatze, ohne mich vorher anzumelden. Aber du hast so lange nichts von dir hören lassen. Du wolltest mir doch schreiben, weißt du noch?«

Olek küßte mich.

»Ich muß dich ein bißchen sehen, sei nicht böse. Darf ich bleiben?«

»Schön dich zu sehen, Olek. Ich bin dir nicht böse. Ich muß jetzt aber allein bleiben. Du hast dir den denkbar schlechtesten Augenblick für deinen Besuch ausgesucht. Ich bin mit den Nerven fertig. Ich komme gerade vom Gericht zurück. So eine Scheidung nimmt einen doch mehr mit, als man meint.«

Ich fing an zu weinen.

»Was habe ich nur aus meinem Leben gemacht? Lauter Scherben. Ich fühle mich so erbärmlich.«

Olek streichelte mir übers Haar.

»Geh schlafen, Zosia, das beruhigt. Nimm eine Schlaftablette und vergrab dich in deinem Bett. Nein, nein, beachte mich gar nicht. Ich werde jetzt gehen und erst in ein paar Stunden wiederkommen.«

Er küßte mich auf die Stirn und verließ das Zimmer. Sofort ließ ich meine Kleider auf den Boden fallen und kroch ins Bett.

Ich weiß nicht, wie lange ich schlief. Ich träumte, daß Wiktor neben mir im Bett lag und mich küßte. Dann wachte ich abrupt auf, und da lag wirklich ein Mann neben mir im Bett.

»Olek!« Ich war empört. »Du bist ein Schwein! Was machst du hier? Laß mich bitte in Ruhe und verschwinde!«

Olek schaute mich gequält an.

»Ich weiß, Zosia, es ist gemein von mir, aber ich kam in dein Zimmer und sah dich fast nackt im Bett liegen. Deine Decke war verrutscht. Glaube mir, ich wollte dich nur zudecken, aber ich konnte deinem schönen Körper nicht widerstehen. Ich liebe dich doch, Zosieńka. Laß uns zusammen sein, in meinen Armen wirst du alles vergessen.«

Er schloß seine Arme um mich und küßte mich heftig. Ich versuchte, mich zu befreien, aber sein Griff war viel zu stark, und ich war viel zu erschöpft.

Als Olek von mir abließ, haßte ich ihn und Wiktor und alle Männer dieser Welt. Es war ein Akt der Gewalt und hatte mit Liebe nichts zu tun. Es dauerte nur eine kurze Zeit, und als Olek seine Beherrschung wiedergewann, vergrub er seinen Kopf in den Händen.

»Um Gottes willen, Zosia, was habe ich getan? Verzeih mir, ich bin ein Schwein, aber ich liebe dich doch so sehr. Bitte sag etwas, warum willst du mich denn nicht heiraten? Ich brauche dich so sehr.«

Ich schleppte mich aus dem Bett und zog meinen Morgenmantel an. »Wie bist du in die Wohnung gekommen?« fragte ich, um überhaupt etwas zu sagen.

»Weißt du es nicht mehr, Zosia? Ich habe doch einen Wohnungsschlüssel von dir bekommen.«

»So, hast du das? Kann sein, ich erinnere mich nicht mehr. Jetzt leg bitte den Schlüssel auf den Tisch und geh! Laß mich bitte allein.«

»Zosieńka!« Olek schien verzweifelt zu sein.

»Du hast jetzt das bekommen, was du wolltest, also geh endlich.«

»Das darfst du nicht sagen, Zosia. Du weißt doch, daß ich dich liebe.«

Er sprang aus dem Bett und zog sich an. Dann legte er zögernd den Wohnungsschlüssel auf den Tisch.

»Ich weiß, ich habe alles verdorben. Aber vielleicht kannst du mir verzeihen. Schreib mir bitte, Zosia. Ich warte auf deinen Brief.«

Er versuchte, mich zu küssen.

»Laß das, Olek, das hat jetzt keinen Sinn.«

Er verließ meine Wohnung, ohne ein weiteres Wort zu sagen. Das Leben ist grausam, flüsterte ich vor mich hin, ich liebe einen Mann, der mich nicht liebt, und ein anderer Mann liebt mich, ohne daß ich seine Liebe erwidern kann.

Das Leben bringt die größten Überraschungen mit sich. Von Wiktor konnte ich kein Kind bekommen, aber der Mann, der mich mit Gewalt genommen hatte, gab mir das, wonach ich mich so gesehnt hatte. Ich wurde schwanger. Ich empfand keinen Groll mehr gegen Olek, schließlich war ich an der ganzen Situation nicht unschuldig. Bisher konnte ich mich nicht dazu bewegen, ihm einen Brief zu schreiben, aber nun mußte ich es tun. Ich wollte ihm schreiben, daß ich ein Kind von ihm erwarte und daß wir heiraten könnten, wenn er das noch immer wollte. Ich setzte mich sofort an meinen Schreibtisch und schrieb einen sehr langen Brief. Dann zog ich mich an, um den Brief zur Post zu bringen. Plötzlich klingelte es an der Tür. Der Briefträger lächelte mich freundlich an und überreichte mir einen Eilbrief von Olek. Eine treue Seele, dachte ich, er schreibt, obwohl er seit drei Monaten nichts von mir gehört hatte. Ich war wirklich nicht besonders nett zu ihm gewesen.

Oleks Brief war nicht sehr lang. Seit Wochen hätte er auf einen Brief von mir gewartet, schrieb er, er hätte mich aufrichtig geliebt und mir sein Leben zu Füßen legen wollen. Nun aber hätte er begriffen, daß ich ihn niemals lieben könnte. Ich wollte nicht heiraten, er aber wollte eine Frau und Kinder haben. Auch seine Stellung als Diplomat erfordere eine Frau im Haus, die Repräsentationspflichten übernehmen könnte. In Warschau hätte er eine junge Frau kennengelernt, die er zwar nicht so sehr liebte, wie er mich geliebt hätte, die er aber trotzdem heiraten würde. Er wünsche mir alles Gute und hoffe, daß wir gute Freunde blieben.

Ich saß im Wohnzimmer in meinem Sessel und konnte nicht aufhören zu lachen. Dann fielen die ersten Tränen auf den Brief, den ich noch immer in der Hand hielt, und ich schlug mit den Fäusten auf die Tischplatte. Zum zweiten Mal verlor ich durch mein Verhalten einen Mann, mit dem ich mein Leben verbringen wollte. In diesem Augenblick begriff ich, daß Olek mir viel näher stand, als ich wahrhaben wollte. Es schien meine

Spezialität zu sein, die Männer zu vergraulen, die mir etwas bedeuteten. Ich zerriß den Brief, den ich an Olek schicken wollte. Dafür schickte ich ihm ein Glückwunschtelegramm zu seiner Verlobung. Das Kind unter meinem Herzen, sein Kind, erwähnte ich nicht.

Der Arzt konnte nicht verstehen, warum ich auf einmal kein Kind mehr haben wollte. »Aber gnädigste Frau«, sagte er verwundert, »zuerst sind Sie bereit, alles mögliche zu tun, um ein Kind zu bekommen, und als ein medizinisches Wunder passiert und Sie schwanger werden, wollen Sie das Kind nicht mehr. Was wird Ihr Mann dazu sagen?«

»Ich habe keinen Mann, Herr Doktor.«

»Dann eben Ihr Freund.«

»Mein Freund heiratet eine andere Frau. Helfen Sie mir, Herr Doktor, es gibt für mich leider keinen anderen Weg, als abzutreiben. Ich würde das Kind so gern behalten, das können Sie mir glauben, aber ich darf es nicht. Das kann ich meinem Vater nicht antun. Was würden die Leute sagen: ein uneheliches Kind. Ich darf gar nicht daran denken.«

Der Arzt unterbrach mich. »Ich weiß nur zu gut, wovon Sie reden. Aber glauben Sie mir, der Tag, an dem eine ledige Frau ein Kind zur Welt bringen kann, ohne sich dafür zu schämen, ist nicht mehr weit. Die Welt ändert sich schnell. Sie sollten sich nicht darum kümmern, was irgendwelche Bekannten dazu sagen. Ihr Vater wird es schon verstehen. Sie müssen ihm nur etwas Zeit lassen. Liebe, gnädige Frau, es ist ein Wunder, daß Sie überhaupt schwanger geworden sind. Vielleicht ist es Ihre letzte Chance, ein Kind zu bekommen. Ein Leben ohne Kinder ist sehr traurig. Ich habe vier Kinder und möchte keines von ihnen missen.«

»Herr Doktor, ich danke Ihnen für Ihre lieben Worte.

Ich werde jetzt nach Hause gehen und über alles nachdenken. Sie müssen aber wissen, daß Sie es mit einer Person zu tun haben, die die Begabung dazu hat, immer die falsche Entscheidung zu treffen.«

Eine Woche verging, ohne daß ich eine Entscheidung traf. Ich wollte das Kind haben, aber ich brachte nicht den Mut auf, dies meinem Vater beizubringen. Es wäre nicht mit den gesellschaftlichen Konventionen zu vereinbaren gewesen, die er als seine anerkannte. Zu Hause konnte ich es mit meinen Gedanken allein nicht aushalten. Oft ging ich in den Park, setzte mich auf eine Bank und beobachtete die spielenden Kinder. Es wurde dunkel und langsam gingen alle nach Hause. Stolz und glücklich zogen die Mütter mit ihren Kindern an mir vorbei. Warum konnte ich nicht auch so stolz und glücklich über das in mir werdende Leben sein? Ich schloß die Augen und stellte mir vor, daß mein Kind neben mir säße. Eine Katze schreckte mich auf und lief miauend an mir vorbei, mein Traum war zu Ende. Aber in meiner Brust wuchs der Entschluß, das Kind zur Welt zu bringen.

Mein Vater dachte, ich hätte den Verstand verloren, als ich ihm eröffnete, daß ich ein Kind erwartete. Er hatte alles mögliche von seiner verrückten Tochter erwartet, aber das nicht.

»Wer ist der Vater?« wollte er wissen.

»Das ist unwichtig. Ich will auf jeden Fall das Kind bekommen.«

Er schwieg eine Weile, dann schüttelte er heftig den Kopf.

»Nein, Zosia, das kannst du mir nicht antun. Denke nur, was die Leute sagen werden. Was wird aus meiner Stellung in dieser Stadt? Aber das ist zweitrangig. Denke vor allem, was aus dir werden soll, wenn du dieses uneheliche Kind zur Welt bringst. Denke an das, was du dir selbst schuldig bist. Warum kannst du nicht heiraten wie jede normale Frau, und dann Kinder bekommen? Meine schöne Tochter, auf die ich so stolz bin«, flüsterte er noch.

»Du hast keinen Grund, auf mich stolz zu sein, Papa. Ich bin ein erbärmlicher, kleiner Mensch, ein Nichts. Alles mache ich verkehrt. Nichts im Leben gelingt mir. Nicht einmal ein Kind kann ich gebären. Wer sagt denn, daß eine Frau verheiratet sein muß, wenn sie ein Kind haben will. Warum muß ich mich ewig um die Meinung irgendwelcher Leute kümmern? Ich will dieses Kind und werde es bekommen. Mit deiner Zustimmung oder ohne sie.«

Vater sprang auf. »Daß ich das erleben muß! Ich will doch nur dein Bestes, Zosia. Ich kann nicht zulassen, daß du eine Dummheit begehst.«

»Aber du wolltest doch immer ein Enkelkind haben, Papa.«

Ich fing an, laut zu weinen. Da mischte sich Zuzia ein, Papas Frau, die bis jetzt stumm dabei gesessen hatte.

»Geh jetzt, Zygmunt, laß uns allein. Das ist eine Frauensache.«

Mit diesen Worten schob sie Papa aus dem Zimmer. Dann setzte sie sich zu mir und sprach leise und zärtlich, während ich mich in ihren Armen ausweinte. Sie konnte mich zwar nicht wirklich überzeugen, aber ich kapitulierte schließlich. Vielleicht hatte ich Angst vor der eigenen Courage bekommen. Mein Kind kam nicht zur Welt.

Mein Leben nahm weiter seinen Lauf, ohne Wiktor, ohne Olek und ohne das Kind, für das ich nicht genug Mut aufbringen konnte. Ich spielte Theater, traf mich mit Bekannten, tanzte ganze Nächte durch und trank dabei nicht wenig. Die Männer kamen und gingen, ohne bei mir eine Spur von Glück zu hinterlassen. Bald aber sollte ich erfahren, daß auch das Unglück eine sehr relative Sache ist.

Es kam das Jahr 1939. Der erste September war ein wunderschöner sonniger Morgen. Ich hatte die Nacht durchgefeiert und litt unter fürchterlichen Kopfschmerzen. Ich ging ans Fenster, um etwas frische Luft zu schnappen. Plötzlich nahm ich ein lautes Geräusch wahr, das vom Himmel kam. Viele Flugzeuge verdeckten auf einmal die Sonne, und ich hörte Detonationen. In der Nähe explodierte etwas, Fensterscheiben zersplitterten, und ich wurde in die Ecke des Zimmers geschleudert. Dann waren die Flugzeuge so schnell wieder verschwunden, wie sie gekommen waren. Ich blieb am Boden liegen und hatte Angst, mich zu bewegen. Eine bedrohliche Stille hing in der Luft. Ich hörte Schreie von der Straße her. Ich zwang mich, ans Fenster zu gehen. Das Haus gegenüber war nur noch ein Trümmerhaufen. Von allen Seiten kamen Menschen angerannt. Sirenen von Krankenwagen und Feuerwehrautos waren zu hören.

Erst jetzt sah ich die Toten und die Verwundeten, die auf der Straße lagen. Ich rannte schnell zum Telefon. Ob das Haus von Vater und Zuzia noch stand? Ob sie beide noch am Leben waren? Doch die Telefonleitung war tot. Ich zog mich schnell an und lief auf die Straße hinaus.

Ein Mann in Uniform hielt mich an. »Wo wollen Sie hin?«

»Was ist denn passiert?« fragte ich ihn.

»Die Deutschen haben uns überfallen. Es ist Krieg. Gehen Sie nach Hause. Es kann jeden Moment wieder losgehen.«

»Wenn das so ist, bin ich nirgendwo sicher«, rief ich ihm zu und lief so schnell ich konnte davon.

Lieber Gott, laß Papa am Leben sein, laß Papa und Zuzia nichts geschehen sein ... Das Haus stand unversehrt da. Ich ging in den zweiten Stock. Mein Vater stand bereits in der Wohnungstür. Erleichtert sagte er: »Gott sei Dank ist dir nichts passiert. Ich wollte mich gerade auf den Weg zu dir machen.« Er umarmte mich, und ich begann zu weinen. »Wie schrecklich! Aber ihr seid am Leben. Ich habe schon das Schlimmste befürchtet.«

Zuzia küßte mich auf die Wangen. »Beruhige dich, Kind.« Das hatte sie noch nie zu mir gesagt. Schließlich war ich eine erwachsene Frau. »Ich wußte, daß dieser Hitler uns nicht in Ruhe läßt.« Ihre Stimme stockte ein wenig. »Was meinst du, Zygmunt, was erwartet uns Juden jetzt?«

Papa sagte nachdenklich: »Wir sind noch nicht besiegt. Sollten wir aber unterliegen, was ich nicht hoffe, so haben wir eine Zeitlang die Deutschen hier, wie wir vorher die Österreicher hier hatten. Die Deutschen werden uns schon nichts tun.« Die Großeltern meines Vaters waren von Deutschland nach Polen eingewandert, er kannte die Deutschen gut …

Als die Deutschen in Krakau einmarschierten, war ich gerade unterwegs, um Brot zu besorgen. Es war eine gut organisierte Parade, und man vergaß fast, daß es sich um eine feindliche Besetzung handelte. Die Soldaten waren zum größten Teil jung und freundlich. Schon erhoben sich Stimmen, die sagten, die Deutschen werden den Polen nichts tun, sie aber von den Juden befreien und hier etwas mehr Ordnung einführen.

In der Tat begannen die Besatzer sofort, ihre Ordnung einzuführen. Täglich kamen neue Verordnungen heraus. Alle Juden mußten sich registrieren lassen, dann hieß es, sie sollten eine Armbinde mit Davidstern tragen, damit sie sofort und überall als Juden zu erkennen waren. Wenn die Juden zuvor oft Bürger zweiter Klasse waren, so waren sie von nun an weniger als nichts. Sie waren offiziell zu Freiwild geworden. Natürlich hatte in der deutschen Verwaltung alles System. Die Polen bildeten jetzt die zweite Klasse, und es war für manche von ihnen ein Trost, daß die Juden noch unter ihnen standen.

Bald wurden die Juden von den Deutschen in Ghettos gepfercht und mußten ihre Wohnungen, ihr Hab und Gut zurücklassen, durften aber meistens noch ihr Leben behalten. Diese Gnade auf Zeit ermöglichte es den Nazis, die jüdische Arbeitskraft bis zum letzten auszunutzen und auszusaugen. Weshalb wurden die Juden bestraft? Weil sie Juden waren.

Seit dem Bombenangriff lebte ich bei Papa und Zuzia. In dem Stockwerk unter uns hatte sich ein Volksdeutscher einquartiert, der aber nur mühselig Deutsch sprechen konnte. Er hielt meinen Vater öfter auf der Straße an und drohte: »Sagen Sie Ihrer Tochter, daß sie die gelbe Binde mit dem Davidstern tragen soll, wie alle Juden, sonst lasse ich sie einsperren.« Papa flehte mich an, die Binde zu tragen, aber ich wollte nicht. Ich hatte mir inzwischen zur Gewohnheit gemacht, die Anordnungen der Nazis so oft wie möglich zu umgehen. So fuhr ich in der Straßenbahn meistens in dem Abteil, an dem ›Nur für Deutsche‹ stand. Die polnischen Abteile waren hoffnungslos überfüllt, außerdem konnte man dort leicht in die Hände der deutschen Polizei fallen, was in der Regel Konzentrationslager bedeutete.

Eines Tages traf ich im deutschen Abteil der Straßenbahn unseren volksdeutschen Nachbarn. Ich sprang aus der fahrenden Bahn, ohne an die Gefährlichkeit dieser Übung zu denken. Die Angst, verhaftet zu werden, war größer.

Am gleichen Abend klingelte es an unserer Wohnungstür. Der Volksdeutsche schnaubte vor Wut. »Ihre Tochter wird sich noch das Genick brechen, wenn sie aus einer fahrenden Straßenbahn springt«, sagte er auf polnisch zu Vater. »Im übrigen ist meine Geduld zu Ende. Wenn ich sie noch einmal erwische, ist sie dran, das schwöre ich Ihnen.«

Vater war entsetzt. »Wie konntest du nur, Zosia? Du wirst dich und uns alle in Gefahr bringen, wenn du so weitermachst. Wir müssen uns ihren Anordnungen unterwerfen, dann lassen sie uns schon in Ruhe, davon bin ich überzeugt.«

Mein armer Vater, wie er sich mit dieser Annahme irrte! Seine Korrektheit führte ihn geradewegs ins Verderben.

Am nächsten Tag erhielten wir Besuch. Der Volksdeutsche erschien in Begleitung eines SS-Mannes. Ohne ein Wort der Erklärung, drängten sie sich in unsere Wohnung.

»Gefällt sie dir?« fragte unser Nachbar den SS-Mann.

»Ja, ich werde diese Wohnung nehmen.« Der Mann in der schwarzen Uniform war sichtlich zufrieden. Er wandte sich an Vater. »Ihr habt bis morgen früh um zehn Uhr Zeit, von hier zu verschwinden, ist das klar? Alle Sachen bleiben hier.«

»Aber wo sollen wir denn hin?« Es tat weh, Vater so hilflos zu sehen.

»Ins Ghetto natürlich!« Sie lachten beide. »Da seid ihr unter euch. Die Anordnung, daß alle Juden im Ghetto konzentriert werden, ist sowieso fällig.« Ohne ein weiteres Wort verließen sie die Wohnung.

»Papa, laß uns hier sofort verschwinden«, flüsterte ich. »Ich besorge für uns drei falsche arische Papiere, das ist der einzige Weg, um zu überleben.«

»Was sagst du da? Überleben? Das ist doch gar nicht die Frage. Ich kenne die Deutschen, sie wollen uns nicht ans Leben. Es ist schlimm, was den Juden wieder einmal passiert. Wir sind Opfer der politischen Lage und werden einiges an materiellen Gütern verlieren. Aber um das Leben brauchen wir nicht zu bangen. Wir sind keine

Gefahr für die Deutschen, das wäre lächerlich. Außerdem kennst du mich, Zosia, ich bin ein ganz schlechter Lügner, wie sollte ich da mit falschen Papieren durchkommen? Ich bin in meinem Leben immer den geraden Weg gegangen, ich kann mich nicht verstellen. Ich bin Jude, und bei der ersten Gelegenheit wird man mich als Juden erkennen, trotz der ›arischen‹ Papiere. Wir werden in das Ghetto gehen.«

Ich war verzweifelt. »Papa, das ist der falsche Weg, glaube mir doch. Wir dürfen ja nichts mitnehmen, wovon sollen wir im Ghetto leben?«

Zuzia hörte auf zu weinen und sagte mit zitternder Stimme: »Wir werden es so machen, wie dein Vater es wünscht. Ich habe zwei große Brillantringe, das wissen die Deutschen nicht. Die werde ich verkaufen, davon können wir eine Weile leben.«

Die letzte Nacht in den eigenen vier Wänden verbrachten wir im Wohnzimmer, da unter diesen Umständen keiner von uns schlafen konnte. Als wir am frühen Morgen gerade die Wohnung verlassen wollten, sprang die Tür auf und die zwei Nazis vom Vortag traten ein. Sie hatten sich beim Hausmeister die Schlüssel besorgt.

»Ihr seid ja noch da, freches Gesindel! Verschwindet endlich!«

Da bemerkte unser ›Nachmieter‹, daß Papa ein kleines Necessaire in der Hand hielt.

»Was schleppst du hier weg, du Judensau? Habe ich euch nicht verboten, irgend etwas mitzunehmen?«

Er entriß Papa die kleine Tasche und wollte ihn schlagen. Papa wurde blaß, wich aber keinen Schritt zurück.

»Es sind nur unentbehrliche Kleinigkeiten, die ein Mensch braucht«, sagte er mit Mühe.

»Hast du Mensch gesagt?« Der SS-Mann brüllte. »Du hast aber eine sehr hohe Meinung von dir. Ich werde dir dein jüdisches Maul schon stopfen!«

Schnell schob ich mich zwischen die beiden und stellte mich schützend vor meinen Vater. »Schämen Sie sich nicht, einen alten Mann zu schlagen?«

Der SS-Mann schaute mich fast belustigt an. »Schau, schau, wer hätte das gedacht. Hast du gar keine Angst? Ich könnte dich auf der Stelle erschießen.« Er wandte sich an seinen Begleiter. »Wer ist denn das?«

»Judenblut«, sagte der Volksdeutsche abfällig. »Sie ist seine Tochter. Laß sie nur, sie ist eine dumme Gans.«

Diese unerwartete Hilfe erstaunte mich sehr, doch Vater kam wieder zu sich. Er schob mich beiseite und sagte: »Sie haben ganz recht, mein Herr, wir hätten schon längst weg sein müssen. Verzeihen Sie meiner Tochter, sie meint es nicht so. Wenn Sie erlauben, werden wir jetzt gehen.«

Wir verließen die Wohnung. Zuzia klammerte sich an Vaters Arm. Wir waren froh, mit dem Leben davonzukommen, und trugen die Angst im Herzen. Ich wußte nicht, daß ich dem SS-Mann noch einmal begegnen sollte.

Im Ghetto wies uns der Judenrat eine Wohnung zu. Zuzia verkaufte einen ihrer Brillanten, die sie trotz ihrer Angst mitgenommen hatte. Von dem Geld kauften wir einige Möbel. Der Rest würde noch eine Weile zum Leben reichen, so hofften wir. Alles war eng und etwas ärmlich. Wir mußten mit Menschen zusammenleben, mit denen wir unter normalen Umständen, verzeih mir, Gott, nichts hätten zu tun haben wollen. Mir war noch nicht klar, daß alle diese Menschen schon bald im Tode gleich sein würden.

Ich war nicht bereit, mich mit der Lage abzufinden. Täglich sagte ich mir, daß ich hier einfach nicht hingehöre und daß es ein Fehler wäre, zu bleiben. Aber es war schwer, eine Erlaubnis zum Verlassen des Ghettos zu erhalten, um eventuell eine Arbeit außerhalb anzunehmen. Die Werkstätten, die die Deutschen im Ghetto eingerichtet hatten, waren nicht sicher. Viele Juden, die dort arbeiteten, kehrten nicht zurück. Man erzählte sich, daß viele in Blitzaktionen abtransportiert wurden. Man hörte von Konzentrationslagern, aus denen es kein Entkommen gäbe, aber so recht wollte niemand dran glauben.

Durch Bestechung oder durch Beziehungen war es Papa gelungen, mich vorerst von der Arbeit befreien zu lassen. So etwas hätte ich ihm nie zugetraut, dem geradlinigsten Menschen, den ich je gekannt habe. Vielleicht konnte ich ihn doch noch überzeugen, ›arische‹ Papiere anzunehmen. Immer wieder kam ich auf dieses Thema zurück, in der Hoffnung, ihn umzustimmen. Ich knüpfte Beziehungen zu einer Organisation, die für teures Geld solche Papiere verkaufte. Im Ghetto wurde es immer gefährlicher, und ich drängte Papa zu einer Entscheidung. Aber er sagte, daß er entschlossen sei, mit Zuzia im Ghetto zu bleiben. Ich war hin und her gerissen. Ich wollte unbedingt weg, aber ich konnte die beiden auch nicht allein lassen.

Papa erkannte meine Zweifel. Eines Tages sagte er zu mir: »Geh weg, Zosia, du bist für dieses Leben hier nicht geschaffen. Was für Zuzia und für mich richtig ist, muß nicht auch unbedingt für dich gut sein. Du bist eine Kämpfernatur, da draußen hast du womöglich mehr Chancen als hier. Du bist jung, und so Gott will, hast du noch dein ganzes Leben vor dir.«

Ich konnte mich aber immer noch nicht entschließen, Vater zurückzulassen. Die Gerüchte über die schrecklichen Vernichtungslager wollten nicht verstummen, und die Lage im Ghetto verschlechterte sich jeden Tag. Manchmal gelang es mir, heimlich auf die arische Seite zu kommen. Als ich eines Tages von einem solchen

›Ausflug‹ zurückkam, fand ich Papa ohnmächtig in Zuzias Armen liegen. In den Tagen zuvor hatte er sich mehr und mehr zurückgezogen. Er und Zuzia saßen stundenlang am Tisch, ohne ein Wort zu wechseln. Als ich ihn jetzt hilflos am Boden liegen sah, war ich sehr froh, ihn nicht verlassen zu haben.

Er öffnete die Augen. »Zosia, bist du immer noch da? Ich habe dich doch gebeten, das Ghetto zu verlassen.«

»Ach Papa, ich werde jetzt erst mal einen Arzt holen. Bleib ruhig liegen.«

»Nein, Zosia, ich brauche keinen Arzt. Es wäre viel zu gefährlich, jetzt noch aus dem Haus zu gehen. Wir haben Sperrstunde.«

Zuzia fing an zu weinen. »Bitte, Zygmunt, laß einen Arzt kommen.«

»Also gut, holt einen Doktor. Was kann ich gegen euch Weiber schon ausrichten?« Papa lächelte flüchtig.

»Paß auf, Zosia, daß dir nichts passiert, laß dich nicht erwischen.«

Ich lief schnell zur Tür, dann kehrte ich noch einmal zurück, um Papa zu küssen. Auf der Treppe blieb ich erst einmal stehen. Wohin sollte ich gehen, um Hilfe zu holen? Ärzte gab es genug im Ghetto, aber wer würde sich zu dieser späten Stunde in Gefahr bringen und aus dem Haus gehen, um einem alten Mann zu helfen? Mir fiel die Apotheke *Unter dem Adler* ein, die der Pole Tadeusz Pankiewicz führte. Das war der einzige Nichtjude, der sich auf Dauer im Ghetto aufhalten durfte. Er pflegte gute Beziehungen zu den Deutschen. Ich wußte aber, daß er seine Stellung dazu nutzte, den Juden zu helfen, wo es nur irgend möglich war, einigen hat er das Leben gerettet.

So schnell und so unauffällig, wie ich konnte, lief ich zu seiner Apotheke. Als ich um eine Ecke bog, sah ich einen Konvoi von Lastwagen mit deutschen Soldaten, der sich langsam auf mich zu bewegte. Ich wollte zurückweichen, aber da kamen die Uniformierten schon von allen Seiten. Panisch blickte ich um mich. Vor dem Haus, bis zu dem ich gekommen war, standen einige alte Möbel. Ich kroch in einen Schrank mit halb zertrümmerten Türen und versteckte mich, in der Erwartung, jeden Augenblick entdeckt zu werden. Die deutschen Soldaten schwärmten aus, und schon bald sah ich Menschen, die aus den Häusern gedrängt wurden. Wer nicht schnell genug war, wurde von den Soldaten geschubst und gezerrt. Wer nicht alleine auf die Lastwagen klettern konnte, wurde wie ein Sack hinaufgeworfen. Den Deutschen konnte es nicht schnell genug gehen. Einige der Opfer zogen es vor, sich aus den Fenstern zu stürzen. Um sie kümmerte sich kein Mensch, ihre Leichen blieben einfach liegen. Dann wurde es stiller und stiller um mich. Die Laster zogen weiter, und ich wollte schon mein Versteck verlassen, als ich eine Gruppe Männer entdeckte, die durch die Straße gingen und sich über die auf dem Pflaster Liegenden beugten. Hin und wieder fielen Schüsse. Die überlebenden Fenterspringer wurden ermordet. Dann verschwand auch dieses Bild. Alles kam mir so unwirklich vor. Ich konnte nicht glauben, was ich mit angesehen hatte.

Ich zwang mich, aus dem Schrank zu kriechen. Ich mußte Papa und Zuzia warnen, schoß es mir durch den Kopf. Ich schlich von Haus zu Haus, aber ich mußte immer wieder die Richtung wechseln, um den von überall auftauchenden Soldaten nicht in die Hände zu fallen. So verlor ich die Orientierung. Ich hatte das Gefühl, mich im Kreis zu bewegen.

Dann erblickte ich plötzlich den kleinen Marktplatz, gerade rechtzeitig, um mich in den Schatten zu stellen. Auf dem Platz standen noch mehr Laster. Alle waren mit Juden beladen. Die Gefangenen schrien, und die Soldaten schrien noch lauter und schlugen auf sie ein.

Wieder fielen Schüsse. Ich stand wie gelähmt und achtete nicht mehr darauf, verborgen zu bleiben. Ich gehöre zu ihnen, dachte ich, und es war vielleicht das einzige Mal in meinem Leben, daß ich mich als Jüdin gefühlt habe.

Der erste Laster setzte sich in Bewegung und fuhr an der leuchtenden Straßenlaterne vorbei. Da entdeckte ich Vater. Er stand am Rande des Lastwagens, von Zuzia gestützt. »Vater!« schrie ich, »Vater!« Aber meine Stimme konnte ihn nicht erreichen. Als er an mir vorbeifuhr, trat ich für einen Augenblick aus dem Schatten, und die Straßenlaterne erleuchtete mein Gesicht. Vater hob die Hand, als ob er mich segnen wollte. Aber hatte er mich überhaupt gesehen? »Vater ...«

Der Laster war fort, viele andere fuhren ihm nach. Ich schob mich in einen dunklen Hauseingang. Ich blieb so lange stehen, bis es zu dämmern begann. Dann rückten Arbeitskolonnen heran, um die Spuren dieser grausamen Nacht zu beseitigen. Es waren Juden, unter deutscher Aufsicht. Man hatte also nicht alle Ghettobewohner abtransportiert. Die Arbeitsfähigen hatte man noch verschont.

Es gelang mir problemlos, mich unter die Überlebenden im Ghetto zu mischen. Jetzt hielt mich nichts mehr zurück, und doch konnte ich mich nicht aufraffen, das Ghetto zu verlassen. Ich wollte denselben Weg gehen, den mein Vater gehen mußte. Vielleicht würde mich das wieder mit ihm vereinen. Wozu auch um mein Leben kämpfen? Man muß sowieso sterben. Heute oder morgen, wo ist da der Unterschied? Würde mir nicht viel Leid erspart werden? Doch man nimmt alles hin und lebt weiter. Vorerst war ich gerettet, aber ich mochte deswegen nicht glücklich sein und konnte Gott dafür nicht danken.

Ein Mann, der meinen Vater flüchtig kannte, versuchte mich dazu zu bewegen, aus dem Ghetto zu fliehen, als er hörte, daß ich schon im Besitz von ›arischen‹ Papieren war. »Sie werden überleben und ein glückliches Leben führen. Sie müssen es auf jeden Fall versuchen. Das sind Sie sich selbst, Ihrem Vater und dem ganzen jüdischen Volk schuldig. Denken Sie immer daran. Dieser Wahnsinn wird einmal zu Ende sein.«

Und so spazierte ich eines Tages einfach an den Wachen vorbei, ohne von ihnen angehalten zu werden. Glück oder Bestimmung – wer kann das schon sagen? Auf jeden Fall stand für mich fest: nie wieder Ghetto, auf keinen Fall, ich werde überleben oder untergehen, aber einsperren lasse ich mich nicht noch einmal.

In den ersten Tagen versteckte ich mich bei einer Kollegin aus dem Theater. Obwohl ich gefälschte Ausweispapiere hatte, die sich in nichts von echten unterschieden, traute ich mich kaum auf die Straße. Zu viele Leute in Krakau hatten mich gekannt. Ich beschloß, bei der ersten Gelegenheit nach Warschau zu fahren und dort unterzutauchen.

Schon nach einigen Tagen gab mir meine frühere Kollegin zu verstehen, daß sie Angst hatte, mich noch weiter bei sich zu verstecken. Ich konnte sie verstehen. Schließlich war es unter Androhung der Todesstrafe verboten, Juden zu helfen. Ich verließ das Haus, und während ich durch die Straßen schlich, überlegte ich, wie ich zu etwas Geld kommen könnte, um mir eine Fahrkarte nach Warschau zu kaufen. Da begegnete ich Wiktor. Ich tat so, als ob ich ihn nicht bemerkt hätte und wollte vorbeigehen, aber er blieb stehen.

»Zosia, um Gottes willen, was machst du hier? Auf der Straße ist es für dich lebensgefährlich.« Er nahm mich beim Arm, und wir gingen wie ein Liebespaar in den nahegelegenen Park. Ich erzählte ihm von Zuzia und von Papa.

»Das ist schrecklich, Zosia, aber jetzt mußt du vor

allem an dich selbst denken. Für deinen Vater kannst du nichts mehr tun.«

»Es ist dein Hitler, Wiktor«, sagte ich verbittert. »Er will uns Juden alle auslöschen. Danach kommen die Polen dran und all die anderen, die nicht in seinen Pläne passen.« Diese Bemerkung konnte ich mir nicht verkneifen, da ich wußte, daß Wiktor als Ukrainer für Hitler war, weil dieser dem ukrainischen Volk einen freien Nationalstaat versprochen hatte.

Wiktor wich meinem Blick aus, und ich konnte mich nicht beherrschen.

»Du hast Glück, mein Lieber, daß du nicht mehr mit mir verheiratet bist. Was hättest du jetzt mit einer jüdischen Frau angefangen? Sei ehrlich, hättest du dich jetzt von mir scheiden lassen, wenn wir noch verheiratet wären?«

Wiktor schaute mich gequält an. »Hör doch damit auf, Zosia. Ich weiß nicht, was ich getan hätte, wirklich nicht. Aber das steht doch auch nicht zur Debatte. Wichtig ist, daß du von hier wegkommst. Du mußt überleben. Wie kann ich dir dabei helfen?«

»Um Krakau zu verlassen, brauche ich Geld. So einfach ist das, Wiktor.«

»Natürlich«, nickte er zustimmend. »Sei bitte in einer Stunde vor der Universität, weißt du, dort, wo wir uns immer getroffen haben. Ich werde mein Bestes tun.«

»Gut, Wiktor. Ich werde dorthin kommen – wenn ich bis dahin noch lebe.«

Noch am selben Abend traf ich in Warschau ein. Wiktor hatte Wort gehalten. Als er mir das Geld wortlos übergab, sagte ich, daß ich Krakau sofort verlassen werde, nannte aber mein Reiseziel nicht, und er fragte auch nicht danach. Sein Geld reichte für die Reise und für die ersten Wochen in Warschau. Nachdem ich recht schnell ein möbliertes Zimmer gefunden hatte, machte ich mich daran, eine Arbeitsstelle zu suchen.

Ich fand ein Stellenangebot für Verkäuferinnen in einem neuen Kaufhaus, das gerade in einem Teil des Hotels Bristol eingerichtet wurde. Bald saß ich vor dem Chef des Hauses und versuchte, ihm klar zu machen, daß ich meine Arbeitspapiere verloren hatte und deswegen keine Arbeitserlaubnis besaß. Ich versicherte ihm, daß ich eine besonders gute Verkäuferin sei und daß er es unbedingt mit mir versuchen müsse.

Er lächelte amüsiert: »Sie sehen aber nicht wie eine Verkäuferin aus. Seien Sie ehrlich zu mir.«

Ich versuchte, mich aus der Affäre zu ziehen. »Also gut, Herr Direktor. Ich war eigentlich Schauspielerin, aber unser Theater mußte schließen. So fing ich an, als Verkäuferin zu arbeiten. Ich habe festgestellt, daß beide Berufe vieles gemeinsam haben.«

»So, so, was denn, wenn ich fragen darf?« Er tat sehr interessiert.

»Also, eine Schauspielerin muß gut sprechen können, das muß eine Verkäuferin auch. Bei der Schauspielerin muß das Publikum zufrieden sein, bei der Verkäuferin die Kunden.«

Herr Diercksen, so hieß der Direktor, lachte laut. »Ihre Antwort gefällt mir, und ich will es versuchen. Schöne und intelligente Verkäuferinnen kann ich gebrauchen. Also zeigen Sie, was Sie können. Sie sind eingestellt – oder sollte ich sagen: engagiert?«

Das Kaufhaus bot seine Waren *Nur für Deutsche* an. Polen durften dort nicht einkaufen. Ich arbeitete in der Abteilung mit Wäsche, Strümpfen und Stoffen. Stoffe waren nur auf Bezugsscheine erhältlich. Mein Chef war mit meiner Arbeit sehr zufrieden. Leider wurde er schon bald zum Militär eingezogen und mußte an die Front. Er war ein netter, freundlicher Mann gewesen, doch die

Kugeln fragten nicht danach. Er ist kurze Zeit später gefallen.

Seine Nachfolgerin wurde Fräulein Kapinsky, die aus Danzig stammte und eine strenge Nationalsozialistin war. Den Verkauf im Geschäft tätigten nur Polen, während bei der Verwaltung im Büro nur Deutsche arbeiteten. Außerdem gab es eine Empfangsdame, Elly, die auch aus Danzig stammte. Sie war ein nettes, freundliches Geschöpf, das niemandem etwas zuleide tun konnte. Sie hatte eine Schwäche – Frontsoldaten auf Urlaub.

»Ach, Sophie« – so nannte sie mich –, »sie tun mir so entsetzlich leid, diese armen Jungs, sie müssen alle an die Front und werden womöglich nicht wieder zurückkehren. Ich weiß, daß ich nicht mit jedem schlafen sollte, aber vielleicht bin ich die letzte weibliche Chance in ihrem Leben.«

Ich amüsierte mich über ihre Großzügigkeit, aber ich mochte sie gern.

Eines Tages kam Fräulein Kapinsky mit einer jungen Frau in unsere Abteilung. »Das ist Krystyna Haluszyńska. Sie arbeitet ab heute bei uns.« Mir blieb fast das Herz stehen, als ich die Neue anblickte, und ihr ging es wohl nicht anders, als wir uns die Hände schüttelten. »Sehr erfreut«, stotterten wir uns gegenseitig an. Fräulein Kapinsky schien unsere Verwirrung nicht bemerkt zu haben. Unsere Neue war eine deutsche Jüdin aus Leipzig, die eigentlich Christel hieß und die mit ihren Eltern, wie viele andere Juden auch, vor 1939 von Deutschland nach Polen geflüchtet waren, um Hitler zu entkommen. Ich kannte sie durch gemeinsame Bekannte aus Krakau.

Es erhöhte das Risiko, wenn sich auf so engem Platz zwei Juden mit falschen Papieren aufhielten, aber es war nun nicht mehr zu ändern. Als wir einmal allein waren, erzählte mir Christel, daß ihre Eltern in Krakau durch einen Denunzianten den Nazis in die Hände gefallen waren. Man hatte sie gleich erschossen. Sie selbst hatte flüchten und mit ihrem Freund, ebenfalls ein untergetauchter Jude, nach Warschau kommen können. Beide wollten so schnell wie möglich nach Amerika.

Unter unseren Kunden waren auch viele Volksdeutsche, also Polen, die sich zum Deutschtum bekannt hatten, meistens nicht aus Überzeugung, sondern um des Vorteils willen. Viele von ihnen sprachen nicht besonders gut Deutsch. Es war allgemein bekannt, daß das Personal polnisch war, und so wollte mancher Kunde, wenn sein Deutsch nicht mehr ausreichte, seine Wünsche auf polnisch darlegen. Wir aber waren nicht dazu zu bewegen, mit ihnen Polnisch zu sprechen, und verwiesen stets auf das an der Wand hängende Schild *Nur für Deutsche*. Wir sind aber Deutsche, beteuerten sie dann, während sie von Verkäuferin zu Verkäuferin gingen, doch keine wollte ihr schlechtes Deutsch verstehen, geschweige denn Polnisch mit ihnen reden. So mußten sie oft unverrichteter Dinge den Laden verlassen, und obwohl sie sich über uns beschwerten, ließen uns unsere deutschen Vorgesetzten weiter gewähren. Niemand mochte diese Abtrünnigen.

Eines Tages kam eine beleibte Dame ins Geschäft und verlangte nach einem Stoff, den wir einige Tage zuvor im Schaufenster ausgestellt hatten, einen mit kleinen und großen Punkten gemusterten Wollstoff. Sie legte ihren Bezugsschein vor, der die Voraussetzung für einen Einkauf bei uns war, und verlangte auf polnisch nach der besagten Ware. Wir zeigten uns alle, wie stets in solch einem Fall, völlig ratlos. »Wir verstehen leider kein Polnisch, meine Dame.« Nun versuchte die Volksdeutsche ihr Glück auf deutsch. »Bitte geben mir Stoff mit Bombes und Granates.« Damit meinte sie wohl die kleinen und großen Punkte, die den Stoff schmückten. Ein Kollege, der als einziger sein Lachen unterdrücken konnte, erklärte der Dame, daß wir keine Bomben und Granaten im Sortiment hätten. Schimpfend und ohne Stoff zog die Dame wieder ab.

Elly, unsere Empfangsdame mit dem großen Herzen für die Frontsoldaten, nahm Christel und mich oft in ein Hotelrestaurant mit, das auch *Nur für Deutsche* reserviert war und in dem man Dinge zu essen bekam, von denen ein normaler polnischer Bürger in dieser schweren Zeit nur träumen konnte. Mit den Angestellten des Restaurants hatten wir eine Abmachung: Essen für Stoffe. Während der Mittagszeit wurde immer die deutsche Hymne gespielt. Meist wurden wir kurz davor gewarnt und konnten den Saal verlassen und solange auf der Toilette warten. Doch eines Tages schafften Christel und ich es nicht, rechtzeitig wegzukommen. Nun mußten wir beide mit erhobenen Armen *Deutschland, Deutschland über alles* mitsingen. An dem Tag kriegte ich keinen Bissen mehr runter, die Angst hatte meine Kehle zugeschnürt.

Wären wir als Nichtdeutsche beim Singen der Hymne mit dem Hitlergruß erwischt worden, hätte es unser Ende bedeuten können. Es war auch gefährlich, daß wir Stoffe unerlaubterweise an Polen verkauften. Doch das kam Christel und mir noch harmlos vor, im Vergleich mit dem, was uns erwartet hätte, wären wir als Jüdinnen erkannt worden. Elly bekam so manches mit, drückte aber beide Augen zu.

Mit der Zeit hatte sich herausgestellt, daß in unserem Betrieb noch weitere geflohene Juden untergetaucht waren. Im Büro arbeitete eine deutsche Frau, die sich von ihrem jüdischen Mann scheiden ließ, aber nur pro forma. Ihren Mann und ihren Sohn, der sehr jüdisch aussah, versteckte sie zu Hause. Ihre Tochter hatte falsche Papiere und arbeitete auch bei uns. Sie erkannte in Christel und mir sofort verwandte Seelen auf der Flucht und vertraute uns ihre Geschichte an.

Ich fand es schockierend, daß wir von ihr so leicht als Juden erkannt worden waren. Wir fühlten uns nicht mehr sicher in unserer Umgebung. Doch es blieb uns nichts anderes übrig, als weiterzumachen wie bisher. Paradoxerweise bauten wir unsere kleinen Geschäftsbeziehungen zu den Polen immer weiter aus, je größer unsere Angst vor Enttarnung wurde. Dieser Handel erleichterte uns das Leben materiell und gab uns eine gewisse Überlegenheit gegenüber unseren Peinigern.

In Warschau blühte der Schwarzmarkt. Man konnte dort alles bekommen: Essen, Ausweise, Arbeitspapiere, Bezugsscheine, Essenskarten. Ich zog es aber vor, mir eine Kennkarte, die eine Art Ausweis war, ganz offiziell auf dem Ordnungsamt ausstellen zu lassen, was natürlich mit der Gefahr verbunden war, als unter falschem Namen lebende Jüdin erkannt zu werden.

Nun hatte ich aber Gelegenheit festzustellen, wie gut meine falschen ›arischen‹ Papiere waren. Ich legte sie dem Beamten vor und wartete förmlich darauf, verhaftet zu werden. Es ging aber alles ohne Zwischenfall über die Bühne. Ich gab an, meinen Ausweis verloren zu haben, und erhielt nach relativ kurzer Wartezeit eine neue Kennkarte auf den Namen Zofia Jasińska. Meinen Vornamen behielt ich, denn Zofia war, seit Adam Mickiewicz, ein sehr häufiger Vorname in Polen. Die echte Frau Jasińska war schon verstorben, und sie hatte in Krakau gelebt; daß man hier in Warschau auf Angehörige von ihr stoßen könnte, war recht unwahrscheinlich.

In dieser schlimmen Zeit gab es unzählige Überlebensmechanismen, zu denen Juden greifen mußten, wollten sie überhaupt eine Chance haben, durchzukommen. Leider versagten die meisten dieser Methoden, wie die hohe Zahl der Opfer beweist. Für die falschen Papiere benutzte man die Namen Verstorbener aus anderen Städten, deren Todeseintrag auf dem Ordnungsamt wegretuschiert wurde. Trotzdem wurden auch Juden mit solchen Papieren aufgegriffen, ich mußte also auf der Hut sein.

Die jüdischen Männer hatten es noch schwerer als die Frauen – durch das beschnittene Glied waren sie gefährlich gezeichnet. Nicht selten wurden Männer auf der Straße angehalten und untersucht, auch von polnischen Polizisten, die ihre Opfer dann gegen eine Zahlung wieder freiließen. Eine Bande Jugendlicher hatte sich darauf spezialisiert, Juden, die mit falschen Papieren lebten, aufzuspüren und zu erpressen. Wenn jüdische Männer, die mit falschen Papieren lebten, zu Kontrollen vorgeladen wurden, schickten sie – gegen Entgelt – unbeschnittene Männer an ihrer Stelle, deren Paßbild in ihren Ausweis eingefügt worden war.

In Warschau gab es damals einen Arzt, selbst ein Jude, der beschnittene Vorhäute durch Transplantation wieder herstellen konnte. Die Operation war nicht immer erfolgreich, vor allem bei jungen Männern, aber einige Männer konnten auf diesem Wege ihr Leben retten. Leider ist dieser Arzt denunziert worden. Seine Spur verlor sich in einem KZ.

Im Kaufhaus arbeitete auch ein achtzehnjähriges Mädchen, das bei seiner Tante wohnte, da es keine Eltern mehr hatte. Eines Tages erschien die Polizei und holte das Mädchen im Geschäft ab. Auch sie war eine Jüdin, und ihre Tante war in Wirklichkeit ihre Mutter, die sich verstecken mußte. Jemand aus ihrem Bekanntenkreis mußte sie verraten haben. Der Ausdruck ihres Gesichts, als sie abgeholt wurde, verfolgte mich Tag und Nacht, die verkrampften Züge, die Angst in ihren Augen und ihr geduckter Gang. Christel und ich standen da, in der Gewißheit, daß beim nächsten Mal wir selbst abgeholt würden. Von dem Mädchen und seiner Mutter haben wir nie wieder etwas gehört.

Für mich hatte ich diese Verhaftung als letzte Warnung verstanden. Ich kündigte meine Stelle im Kaufhaus, und auch Christel folgte diesem Schritt. Doch während sie auf ihren reichen Freund zählen konnte, war ich nun auf mich allein gestellt. So mußte ich mir schnell etwas einfallen lassen, wie ich meinen Lebensunterhalt bestreiten konnte. Durch meine Vermieterin hatte ich eine Frau kennengelernt, die billig an Zigaretten kam. Ich deckte mich mit einem größeren Posten ein, den ich in Krakau verkaufen wollte. Natürlich war dieses Unternehmen mit Risiko verbunden, doch in meiner Heimatstadt kannte ich immerhin einige Leute, die mir vielleicht behilflich sein konnten, die Zigaretten an den Mann zu bringen.

Ich mußte mit der Eisenbahn fahren, in den polnischen Abteilen, versteht sich. Sie waren aber chronisch überfüllt, außerdem wurde dort regelmäßig von der Gestapo kontrolliert. Das konnte für mich Gefängnis oder Konzentrationslager, auf jeden Fall aber den Verlust der Ware bedeuten. Vom Hörensagen wußte ich, daß es gegen entsprechende Bezahlung auch für Polen möglich war, einen Schlafwagenplatz zu ergattern. Dort sollte man angeblich vor dem Zugriff der Gestapo sicher sein.

Meine Enttäuschung war sehr groß, als mir der Schalterbeamte mitteilte, daß die Schlafwagenplätze bis auf weiteres ausverkauft seien. Ich konnte aber nicht warten, da ich all mein Geld für den Ankauf der Zigaretten ausgegeben hatte. Der Beamte sah mir die Verzweiflung an.

»Warten Sie einen Augenblick. Ich kenne da einen Herrn, der einmal die Woche nach Krakau reist und ein doppeltes Abteil für sich allein belegt. Warten Sie hier an der Seite, bis er kommt, vielleicht kann er Ihnen helfen. Ich gebe Ihnen dann ein unauffälliges Zeichen.«

Der Beamte widmete sich weiter seiner Tätigkeit, und ich stellte mich so hin, daß ich ihn gut im Auge behalten konnte. Erst kurz vor der Abfahrt des Zuges erschien der Mann an der Kasse. Er sah sehr gut aus, wie mir schien, war er Mitte Dreißig. Der Beamte zeigte etwas zu deutlich in meine Richtung. Der Mann näherte sich und sagte lächelnd: »Ich habe soeben erfahren, daß Sie eine Bitte an mich haben. Da bin ich aber sehr neugierig.«

»Es geht um das Bett in Ihrem Abteil, ich muß es haben«, platzte ich heraus.

Er lächelte mich ungläubig an. »Sie wollen mein Bett haben?«

»Natürlich das zweite, das freie Bett in Ihrem Abteil«, fügte ich stockend und verärgert hinzu. »Bitte nehmen Sie mich mit. Alle Plätze sind belegt, und ich muß heute unbedingt noch nach Krakau.«

Er zog gleichgültig die Schultern hoch. »Es tut mir leid, meine Dame, aber das geht auf gar keinen Fall. Ich belege immer ein ganzes Abteil, um allein reisen zu können. Im übrigen kenne ich Sie gar nicht. Haben Sie es schon im polnischen Bereich versucht?«

Ich winkte ab. »Das wissen Sie doch, daß es hoffnungslos ist.«

Er schaute mich prüfend an. »Versuchen Sie es trotzdem. Sollte es nicht klappen, so werden wir weiter sehen.«

Ohne ein weiteres Wort ging er zum Zug, und ich löste eilig eine einfache Fahrkarte für den polnischen Bereich. Im Zug ging ich aber gleich daran vorbei, ohne mein Glück zu versuchen. Die Abteile waren überfüllt. Im Gang des Schlafwagens schaute ich durch die kleinen Fenster, um den Unbekannten wiederzufinden. Die meisten Fenster waren verhängt, und ich wurde schon unruhig, dann aber entdeckte ich ihn doch. Er stand mit dem Rücken zur Tür. Ich trat ein, ohne anzuklopfen, und ließ mich sofort auf den einzigen Sessel im Abteil fallen.

»Sie können mich rauswerfen, wenn Sie wollen, aber von alleine gehe ich nicht«, sagte ich mit gequältem Lächeln.

Er lächelte nicht. »Sie sind wirklich eine sehr energische und hartnäckige Dame. Aber seien Sie ohne Sorge, ich werde Sie nicht hinauswerfen. Das würde zuviel Aufsehen erregen. Haben Sie denn keine Angst, die Nacht mit einem wildfremden Mann zu verbringen?«

»Sie sehen sehr vertrauenswürdig aus, mein Herr. Ich bin sicher, daß Sie ein Gentleman sind. Ich habe ein Auge dafür.«

»Entweder trauen Sie mir zu viel oder zu wenig zu. Aber täuschen Sie sich nicht. Sie sind eine schöne Frau, und ich bin ein Mann. Also überlegen Sie sich das noch einmal. Ich kann für nichts garantieren.«

»Ich bleibe, ich habe keine Angst vor Ihnen.« Ich versuchte ganz ruhig zu sprechen, aber meine Knie zitterten. Es war ein wenig wie bei einer Theaterprobe.

»Ihr Vertrauen ehrt mich. Welches Bett bevorzugen Sie denn?«

Ich überlegte kurz, wo ich am sichersten wäre. »Das obere«, sagte ich so gleichgültig, wie ich nur konnte. »Ich danke Ihnen, daß Sie mich mitnehmen.«

»Danken Sie mir nicht. Ich könnte es mir nie verzeihen, die Gelegenheit zu versäumen, eine Nacht mit einer so schönen Frau zu verbringen.«

Hoffentlich meint er das nicht ernst, dachte ich. Da klopfte es an der Tür. Eine attraktive Frau blickte uns etwas spöttisch an.

»Guten Abend, Marek. Wie ich sehe, schaffst du es auf deinen Reisen immer wieder, eine schöne Frau zu finden.«

»Nein, nein, Marysia, du irrst dich. Nicht ich habe diese schöne Frau gefunden, sondern sie hat mich gefunden, ob du es glaubst oder nicht. – Das ist Marysia«, stellte er die Frau vor, »und diese Dame heißt …«

»Zofia«, sagte ich vorsichtig.

»Vielleicht ist es wirklich besser, wenn wir die Nachnamen erst einmal weglassen. Man kann in dieser Zeit nicht vorsichtig genug sein.«

Dann wandte er sich an Marysia. »Warum hast du mir nicht Bescheid gegeben, daß du heute nacht auch fährst?«

Marysia lachte. »Weil dein Telefon ständig besetzt war oder niemand ranging. Durch Zufall habe ich doch noch einen Schlafwagenplatz ergattert, zwei Abteile weiter. Ich werde jetzt lieber erst einmal auf meinen Platz gehen, bevor sich ein andrer in meinem Abteil breit macht. Also dann bis später, Marek, und benimm dich. Vergiß nicht, daß du Anspruch auf die Bezeichnung Gentleman erhebst.«

»Was habt ihr Frauen immer nur mit eurem Gentleman?« Marek zuckte mit den Schultern. Als Marysia gegangen war, sagte er zu mir: »Sie müssen wissen, daß ich Marysia genauso kennengelernt habe wie Sie heute abend.«

»Sind Sie den Damen gegenüber immer so hilfsbereit?«

»Ja, vor allem, wenn sie jung sind und gut aussehen. Jetzt werde ich aber erst einmal das Licht ausschalten, damit Sie sich ungestört für die Nacht vorbereiten können. Ich werde auch nicht linsen.«

Ich tat so, als ob ich mich in der Dunkelheit umzöge, streifte aber in Wahrheit nur die Schuhe ab. Angezogen fühlte ich mich sicherer. Als ich oben im Etagenbett lag, sagte ich: »So, jetzt sind Sie dran. Ich für meinen Teil bin fertig.«

»Gute Nacht!«

Ich dämmerte schon langsam ein, als sich plötzlich ein Männerkopf über mich beugte.

»Liegst du bequem? Hast du noch Platz für mich?« Marek schubste mich leicht zur Seite.

»Bitte nicht«, sagte ich mit Nachdruck. »Ich habe mich Ihnen aufgedrängt, aber so war es nicht gemeint. Sie müssen mir auch nicht beweisen, daß Sie ein Mann sind. Ich danke Ihnen nochmals, daß Sie mich mitgenommen haben, aber gehen Sie jetzt schlafen.«

»Verzeihung, schöne Frau, nichts für ungut. Träumen Sie wenigstens von mir.«

Sein Kopf verschwand wieder, und ich fiel fast sofort in tiefen Schlaf. Als ich wieder aufwachte, war Marek bereits angezogen.

»Zofia, ziehen Sie sich schnell an, wir sind bald in Krakau«, begrüßte er mich. Er ging hinaus, und ich konnte mich in Ruhe waschen. Als ich fertig war, schaute ich in den Gang und entdeckte Marek und Marysia, die sich angeregt unterhielten.

»Guten Morgen! Gut geschlafen?«

»Ja, vielen Dank, Marek. Ich stehe jetzt in Ihrer Schuld. Was muß ich denn für meinen Schlafplatz zahlen?«

Er lachte. »Lassen Sie nur, Zofia, ich bezahle immer für ein ganzes Abteil. Sie schulden mir nichts.«

»Hat er sich gut benommen?« fragte Marysia neugierig.

»O ja, er war wirklich ein Musterknabe.«

»Leider, leider«, seufzte Marek, »das Leben besteht aus versäumten Gelegenheiten. Laßt uns trotzdem noch eine Zigarette zusammen rauchen, bevor wir ankommen.«

Auf dem Bahnhof in Krakau verabschiedete ich mich von den beiden.

»Sagen Sie mir nur eins, Marek. Soweit ich es mitbekommen habe, sind wir heute nacht von der Kontrolle verschont worden. Wie kommt das?«

Marek lachte. »Zerbrechen Sie sich nicht Ihr hübsches Köpfchen darüber. In dieser Zeit ist man zwar nirgendwo sicher, aber es gibt auch nichts Unmögliches.«

Marysia mischte sich ein. »Gute Beziehungen! Marek ist der Weltmeister der guten Beziehungen.«

»Ach was!« Marek winkte ab. »Glauben Sie ihr nicht alles. Kommen Sie lieber heute nachmittag ins Künstlercafé. Wir müssen überlegen, wie wir unsere neue Bekanntschaft ausbauen können.«

Die Zigaretten konnte ich mit Gewinn verkaufen. Die Kollegin aus dem Theater nahm mich für eine Nacht bei sich auf und war mir dabei behilflich, Käufer für meine Ware zu finden. Ich merkte, wie ängstlich sie war. Sie sagte: »Du weißt, Zosia, daß ich sofort erschossen werden kann, wenn die Deutschen eine Jüdin bei mir entdecken. Noch ist mein Anstand größer als meine Angst, aber Grenzen dieser Art sind bekanntlich fließend. Ich weiß nicht, ob ich die Kraft dafür noch einmal aufbringe.«

Ich konnte ihre Haltung gut verstehen und beschloß, sie kein zweites Mal auf die Probe zu stellen. Jetzt erschien auch mir die Idee, nach Krakau zu kommen, idiotisch. Ich war hier relativ bekannt, ich konnte jeden Augenblick wiedererkannt werden. Trotz des guten Verdienstes nahm ich mir vor, diese Reise nicht zu wiederholen.

Nachmittags ging ich in das Künstlercafé, aber von Marek war dort keine Spur. Meine Enttäuschung legte sich aber bald, als es mir mit Hilfe meiner Kollegin gelang, einen Schlafwagenplatz für die Rückreise zu bekommen. Über Vater und Zuzia konnte ich nichts in Erfahrung bringen. Ob sie noch am Leben waren? Bevor der ganze Spuk vorüber war, wollte ich nicht mehr nach Krakau kommen. Man munkelte, daß sich Hitler nach den ersten Niederlagen nicht lange halten würde.

Als ich die Tür des Schlafwagenabteils öffnete, erblickte ich Marek und Marysia. »Hallo!« sagte ich so kühl wie möglich, »so trifft man sich wieder.«

Ich war etwas verärgert, weil Marek nicht zum verabredeten Treffen erschienen war. Er begrüßte mich freundlich.

»Hallo! Da sind wir ja wieder alle vereint! Entschuldigen Sie, daß ich unsere kleine Verabredung versäumt habe, aber es ist etwas dazwischen gekommen, worauf ich keinen Einfluß hatte.«

»Woher wollen Sie wissen, daß ich da war?«

»Waren Sie nicht dort? Nun ja, ich sehe, das wird ewig ein Geheimnis bleiben.« Er lachte gelöst.

»Fahre ich wieder mit Ihnen im selben Abteil?« wollte ich wissen.

»Keine Bange, ich bin hier nur zu Besuch. Mein Abteil liegt direkt daneben.«

»Sie fahren diesmal mit mir«, sagte Marysia freundlich.

»Das freut mich sehr«, sagte ich, und das stimmte sogar.

Der Zug war schon längst angefahren, aber Marek schaute besorgt zum Fenster hinaus.

»Irgend etwas stimmt hier nicht«, sagte er, »das ist nicht die Strecke nach Warschau.«

Da kam der Schaffner aufgeregt herein. »Wir sind umgeleitet worden. Das ist die Strecke nach Auschwitz.« Er ging gleich weiter, um die anderen Fahrgäste zu warnen.

»Jetzt schön ruhig bleiben«, sagte Marysia.

Marek winkte ab. »Gut, daß wir keine Ware mehr dabei haben. Dafür haben wir viel zuviel Geld mit. Gib mir das Geld, Marysia, ich werde schon ein Versteck finden. Wir dürfen nur nicht den Kopf verlieren. Wie ist es mit Ihnen, Zofia, haben Sie auch etwas zu verstecken?«

»Ich habe etwas Geld, aber nicht sehr viel. Ich habe nur Zigaretten verkauft.«

Marek schaute mich mit ernstem Blick an.

»Ihr könnt mir vertrauen«, sagte ich.

»Natürlich können wir das«, sagte Marysia und küßte mich auf die Wange. Marek verließ rasch das Abteil, um ein Versteck zu suchen. Marysia schaute ihm nach und sagte: »Es geht wirklich um viel Geld. Wir handeln mit Gold und Devisen. Aber diesmal geht es um das nackte Überleben. Es gibt mehrere Möglichkeiten. Entweder ist es eine betriebliche Umleitung, oder man ist hinter jemand her, den man hier im Zug vermutet, oder ...«

»... oder wir landen alle in Auschwitz«, vollendete ich ihren Satz. »Wie oft haben die Nazis schon ganz willkürlich Straßen abgesperrt, Menschen wahllos auf LKWs verladen und in ein KZ gebracht.«

Marek kam bald zurück. »Im Zug herrscht ein ziemliches Chaos«, sagte er. »Die Leute laufen hin und her, die Toiletten sind ständig besetzt. Wahrscheinlich werden dort alle möglichen Papiere vernichtet, die den Deutschen nicht in die Hände fallen sollen. Angst ist ansteckend. Ich habe das Gefühl, daß wir heil aus der Sache herauskommen, trotzdem ist auch mir etwas mulmig zumute. Also, die Ohren steifhalten, meine Damen!«

»Ich habe furchtbare Dinge über Auschwitz gehört«, sagte Marysia mit Tränen in den Augen.

»Ich weiß, ich weiß, aber sie werden uns nicht kriegen. Verlaß dich drauf.«

Marek legte einen Arm um sie, und ich fühlte mich etwas einsam und verlassen. Auch ich hatte Angst, aber das war die Angst einer Jüdin, die offiziell und gesetzlich zur Vernichtung freigegeben war. Daß ich vor Jahren getauft worden war, spielte keine Rolle. Bis ins dritte Glied, hieß es, also würden erst meine Urenkel sich sicher fühlen können. Aber ich würde ja nie Kinder oder Enkel haben ...

Mit einem Ruck blieb der Zug stehen. Wir stürzten zum Fenster. Die Waggons waren von bewaffneten Soldaten umstellt. Ihre Gewehre waren auf die Türen und Fenster gerichtet. Doch niemand dachte daran, den Zug zu verlassen. Etwas weiter seitlich sahen wir eine Gruppe von abgemagerten Menschen in gestreiften Anzügen. Sie schauten mit großen Augen in unsere Richtung. Ein Mann, vermutlich der Aufseher, kam herbei und schrie ein paar unverständliche Worte. Die Gefangenen nahmen sofort wieder die Arbeit an den Gleisen auf. Nur einer blieb stehen und schaute in unsere Richtung. Ein Soldat kam heran und versetzte ihm einen Hieb mit dem Gewehrkolben. Der Mann fiel um und blieb reglos liegen. Tritte in seine Seite zeigten keine Wirkung, der Mann war nicht mehr zum Aufstehen zu bewegen. Schließlich kamen zwei andere Häftlinge herbei und schleppten den leblosen Körper fort.

Der Schaffner riß unsere Tür auf. »Sind Sie verrückt geworden!« schrie er. »Ziehen Sie sofort die Vorhänge zu und treten Sie vom Fenster zurück!« Dann eilte er weiter, um andere Reisende zu ermahnen. Marek zog die Vorhänge zu. Marysia und ich rührten uns nicht.

»Setzt euch hin. Wir können nichts tun als warten«, sagte er und schob uns sanft vom Fenster weg.

Wir hielten also dicht vor den Toren von Auschwitz. Wofür dieser Name stand, war zu jener Zeit kein Geheimnis mehr, obwohl es meistens nur Vermutungen waren, die von Mund zu Mund gingen, gestützt auf wenige Zeugenberichte.

Plötzlich gab es einen starken Ruck, der Zug setzte sich wieder in Bewegung und gewann rasch an Fahrt. Es verging eine ganze Weile, bis wir uns wieder ans Fenster trauten. Die Häftlinge und ihre Peiniger waren nicht mehr zu sehen. Wieder schaute der Schaffner zu uns herein.

»Wir fahren nach Warschau«, sagte er, selbst erleichtert.

»Was war denn los?« wollte Marek wissen.

»Niemand weiß etwas«, rief der Mann und verschwand wieder.

Wir drei umarmten uns in der Gewißheit, einem schrecklichen Schicksal entronnen zu sein. Warum wir zwei Stunden lang vor Auschwitz gestanden hatten, erfuhren wir nie.

Marek und Marysia sollte ich noch oft wiedertreffen, und wir wurden Freunde. Irgendwie hatte ich das Gefühl, daß auch Marek jüdischer Herkunft war. Ich vertraute ihm jedenfalls an, wer ich war. Er versicherte mir, daß mein Geheimnis bei ihm gut aufgehoben war. Meine Vermutung bestätigte er aber nicht.

Langsam ging das Geld zur Neige, das ich mit dem Zigarettenverkauf verdient hatte. Ich hatte aber Angst, mit meinen Arbeitspapieren wieder eine reguläre Arbeit aufzunehmen. Auch die kleinen Geschäfte am Rande des Warschauer Schwarzmarktes, die mich finanziell über Wasser hielten, konnten ganz schnell das Aus bedeuten.

Ich schaute mir die Annoncen in der Zeitung an. Eine Pension suchte eine Wirtschafterin mit guten deutschen Sprachkenntnissen. Die Besitzerin der Pension, die kein Wort Deutsch sprach, empfing mich sehr freundlich. Sie war bereit, mich einzustellen, als sie aber erwähnte, daß hier jeden Abend die Gestapo vorbeischaute, war mir klar, daß ich nicht annehmen konnte. Da ging eine Tür auf, und ein Mann in einem prächtigen Morgenrock aus Seide und krebsrotem Gesicht schrie: »Gibt es denn hier niemand, der Deutsch spricht? Kann man hier nicht ordentlich bedient werden?«

»Fragen Sie ihn doch, was er will«, bat mich die Besitzerin. Ich aber erschrak: es war der SS-Mann, der uns in Krakau aus der Wohnung meines Vaters vertrieben hatte. Obwohl ich Angst hatte, er könnte mich erkennen, ging ich auf ihn zu und setzte mein schönstes Bühnenlächeln auf: »Was möchten Sie denn bitte?« Erstaunt und erfreut sah er mich an: »Eine heiße Zitrone, bitte.« Noch immer lächelnd antwortete ich: »Sie sollen Ihre Zitrone sofort bekommen.«

Dies blieb meine einzige Dienstleistung in dieser Pension. Ich würde anderswo suchen. Die Besitzerin flüsterte mir beim Weggehen zu, daß sich dieser feine Herr hier vor dem Dienst an der Front versteckt halte.

Ich besuchte jetzt öfter Christel, die noch immer auf eine Gelegenheit wartete, mit ihrem Freund nach Amerika zu flüchten. Eines Tages traf ich sie allein und furchtbar aufgeregt an.

»Stell dir vor«, empfing sie mich schon an der Tür, »stell dir vor, ich bin hier eben in meinen eigenen vier Wänden überfallen worden.«

Ich schaute sie besorgt an.

»Nein, nein, nicht was du denkst.«

Ich setzte mich noch im Mantel hin und hörte mir ihre Geschichte an. Edmund, Christels Freund, war für zwei Tage verreist. Für diesen Tag erwartete sie ihn zurück. Als es an der Tür klingelte, öffnete sie gleich, aber es war nicht Edmund, sondern zwei elegante Männer drängten sich schnell herein. Der jüngere sprach sie sofort mit Namen an.

›Guten Tag, Frau Haluszyńska, ich hoffe, wir stören Sie nicht allzusehr. Wir wissen, daß Ihr Freund nicht zu Hause ist, und wir versprechen Ihnen, vor seiner Rückkehr zu verschwinden. Natürlich hängt das auch von Ihrer Mitarbeit ab.‹

Meine Christel war ein resolutes Mädchen und ließ sich nicht so leicht einschüchtern.

›Gehen Sie sofort, oder ich rufe die Polizei!‹

Der andere Mann lächelte sarkastisch. ›Das werden Sie bestimmt nicht tun. Oder wollen Sie riskieren, daß man erfährt, daß Sie und Ihr Freund Juden sind?‹

Christel schaute die beiden erschrocken an.

›Keine Angst, Gnädigste, wir haben nichts gegen Juden. Geben Sie uns Ihren Schmuck und Ihr Geld, und Sie sind uns sofort los.‹

Christel holte ihre Handtasche und reichte sie dem einen. ›Bedienen Sie sich, meine Herren, mehr habe ich leider nicht.‹

Der jüngere Mann öffnete ungeniert die Handtasche und nahm alles Geld heraus. ›Vielen Dank, aber so leicht sind wir nicht zu befriedigen. Sie erlauben, daß wir uns hier ein wenig umschauen.‹

›Ganz wie Sie wünschen. Vielleicht kann ich Ihnen etwas zu trinken anbieten?‹

Der ältere Mann schien entzückt. ›Sie wissen, wie man seine Gäste bewirtet. Ein Cognac wäre jetzt genau das richtige.‹

Christel begab sich in die Speisekammer, wo der Cognac gelagert war und wo sie auch ihren Schmuck versteckt hielt. Sie nahm eine Flasche Öl in die Hand und ließ sie absichtlich zu Boden fallen. Einer der Männer eilte herbei.

›Ach wie ärgerlich! Kann ich Ihnen helfen?‹

›Bitte bemühen Sie sich nicht, das schaffe ich schon allein.‹

Christel holte einen Eimer Wasser, um mit dem nassen Lappen den Boden zu wischen. Als sie sich für einen Augenblick unbeobachtet fühlte, zog sie schnell ihren Schmuck aus der leeren Pralinenschachtel, in der er versteckt war, und warf ihn in den Eimer mit dem schmutzigen Wasser.

›Sie erlauben?‹ Der ältere Mann trat in die Speisekammer und schaute sich aufmerksam um. ›Das wäre ein wunderbares Versteck, finden Sie nicht auch?‹

Er durchsuchte die Schränke und Regale, während Christel weiter den Boden wischte. Der andere kam mit ein paar Geldscheinen in der Hand hinzu. ›Das ist alles, was ich finden konnte, und du?‹

›Hier ist nichts. Dann werden wir uns jetzt verabschieden. Entschuldigen Sie die Umstände, die wir Ihnen gemacht haben. Küß die Hand, gnädige Frau.‹

Beide hatten die Wohnung kurz vor meinem Eintreffen verlassen. Christel führte mich zu dem Wassereimer und fischte die Schmuckstücke einzeln heraus. Sie lachte: »Die habe ich aber reingelegt!« Dann fing sie nervös zu weinen an. »Ich hatte solche Angst. Es war schrecklich.«

Ich zog meinen Mantel aus und machte Tee. Bald darauf traf Christels Freund ein. Edmund brachte einen Bekannten mit, Hans, den er unterwegs zufällig getroffen hatte.

Hans war ein Wiener Jude, der Österreich verlassen hatte, um seine christliche Frau und seinen Sohn nicht zu gefährden. Zuvor hatte er seine Geburtsurkunde fälschen lassen, und aus einem Juden wurde ein Christ. So hoffte er, alle jüdischen Spuren verwischt und seine Familie gesichert zu haben.

Hans hatte sich nach Polen abgesetzt, ohne ein Wort Polnisch zu sprechen, ohne gültige Papiere und ohne hier jemanden zu kennen. Er war völlig übermüdet durch die Straßen Warschaus gegangen, bis er ein großes, offenes Tor erblickt hatte. Er war schnurstracks hineingegangen und hatte sich mit letzter Kraft in den Keller geschleppt, wo er sich zum Schlafen niederlegte, froh, endlich einen Platz gefunden zu haben. Als der Tag dämmerte, schaute er sich im Keller um und fand einige verdorbene Karotten und Kartoffelschalen. Sie schmeckten dem halb Verhungerten vorzüglich.

»Das können Sie mir glauben«, sagte er, als ich ihn während seines Berichts ungläubig anstarrte. »Der Hunger ist stärker als alles andere. Hoffentlich werden Sie das nie erleben müssen.«

»Erzählen Sie weiter«, sagte ich, etwas unangenehm berührt.

Nach einem weiteren Tag und einer weiteren Nacht im Keller hatte sich Hans entschlossen, sein Versteck wieder zu verlassen. Er schlug den Mantelkragen so hoch es ging vor sein unrasiertes Gesicht, schob seinen Tirolerhut tief in die Stirn. Sicheren Schrittes näherte er sich dem Tor, das jetzt von deutschen Soldaten bewacht war. Er hob seine rechte Hand zum Gruß, rief »Heil Hitler!« und ging unbehelligt an den Soldaten vorbei, während er sich beim lieben Gott für sein einwandfreies Deutsch mit dem schönen Wiener Akzent bedankte.

Damit hatte er zwar eine Hürde genommen, aber seine Situation schien immer noch aussichtslos. Er erwog ernsthaft, sich zu stellen. Was hatte er noch für eine Chance in diesem fremden Land, dessen Sprache er nicht verstand, ohne Papiere und ohne Hilfe.

Er war weiter ziellos durch die Straßen gegangen und zu der Einsicht gekommen, daß es ein Fehler gewesen war, Österreich zu verlassen. Doch Hans war von der Vorsehung geküßt. Plötzlich hörte er seinen Namen rufen. Er zwang sich buchstäblich, nicht wegzulaufen, und richtete seinen Blick auf den Rufenden. Vor ihm stand ein deutscher Major, der sich sehr darüber freute, Hans zu begegnen. Der erkannte erst auf den zweiten Blick seinen alten Schulkameraden. Wird er mich verraten? dachte Hans voller Angst. Aber der Major umarmte ihn, nahm ihn mit zu sich nach Hause, wo er endlich etwas zu essen bekam. Nachdem er auch ein heißes Bad genommen und sich rasiert hatte, fiel er wie ein Stein ins Bett.

Als er am nächsten Tag aufgewacht war, kam der Major gerade zurück und brachte neue Kleider, Geld und vor allem gefälschte Personalpapiere mit. Hans war ihm überaus dankbar. Zwar waren sie lange Jahre befreundet gewesen, aber das war vor dem Krieg. Jetzt wandten sich fast alle Freunde und Bekannte, ja sogar die ›arischen‹ Verwandten von einem jüdischen Menschen ab.

Überglücklich hatte Hans auf seine neue Geburtsurkunde geschaut, die für ihn das Leben bedeutete, und plötzlich wurde ihm schwindlig. Der Name auf der Urkunde lautete ›Tomasz Pieprzyca‹. »Das werde ich nie aussprechen können«, seufzte er, »das ist unmöglich.«

Sein Freund lachte. »Das wirst du schon schaffen. Es gab keine anderen Namen zur Auswahl. Es ist überhaupt ein Wunder, daß es mir so schnell gelungen ist, diese Papiere zu beschaffen. Falsche Papiere zu bekommen ist kein Problem hier in Warschau, aber es dauert oft sehr lange, bis sie fertig sind.«

Die Frau von Hans schickte seither regelmäßig Geld an den Major, der es an ihren Mann weitergab. Mit seinen neuen Papieren konnte er keine Arbeit annehmen, ohne Verdacht zu erregen, da er trotz seines polnischen Namens kein Wort Polnisch sprach. Noch viele Monate später habe ich ihn oft vor einem Spiegel angetroffen, wo er mühsam übte: »Guten Tag, ich bin Tomasch Piepsch … Piepschr … Donnerwetter noch mal! Das ist kein Name, das ist ein Zungenbrecher.«

Mit der Zeit kamen Hans und ich uns näher, und aus der Bekanntschaft wurde Freundschaft. Es war keine richtige Liebe, eher eine Art Trost- und Zweckgemeinschaft zweier einsamer, verfolgter, verängstigter Menschen. Wir waren noch relativ jung und beide recht gutaussehend. Oft saßen wir abends in meinem Zimmer und erzählten, er von seiner Frau und seinem Sohn, und ich, was ich bis jetzt erlebt hatte. Nun waren meine Abende nicht mehr so hoffnungslos einsam, ich wusch und kochte für ihn, und er kam für den Unterhalt auf.

Eines Tages wünschte sich Hans zum Essen Spinat. Mir gelang es, Spinatblätter zu bekommen und sie auch einigermaßen zu kochen, was ich zuvor nie gemacht hatte. Hans freute sich sehr auf dieses Essen. Als er abends vor seinem Teller saß und kaute, sagte er: »Es schmeckt so wunderbar. Du hast es wirklich gut gemacht. Wenn nur etwas weniger Sand drin wäre ...« Man hörte deutlich das Knirschen zwischen seinen Zähnen. Ich hatte vergessen, die Spinatblätter gründlich zu waschen, und sagte etwas kleinlaut: »Ich liebe eben meine polnische Heimaterde.«

Wir blieben einige Monate zusammen, meine Kochkünste machten Fortschritte, und ich wußte noch nicht, wie wichtig das noch werden sollte, bis ich schließlich merkte, daß ich schwanger war. Wieder wurde in mir die große Sehnsucht nach einem Kinde wach. Es war mir egal, daß Hans verheiratet war, daß er ein Kind hatte und daß er, sollte er den Krieg überleben, zu seiner Familie zurückkehren würde. Ich wollte endlich mein Kind haben, der Vater war zweitrangig.

Hans tobte den ganzen Abend, als ich ihm von meiner Schwangerschaft erzählte. »Du bist wohl total verrückt geworden! Was wird wohl meine Frau dazu sagen?«

»Das hättest du dir früher überlegen müssen. Aber wer sagt, daß deine Frau überhaupt etwas davon erfährt? Es ist schließlich meine Angelegenheit, Hans.«

»Ich kann nicht. Meine Frau hält in dieser schwierigen Zeit zu mir, ich kann ihr so was nicht antun. Ich habe schon ein Kind, und ein weiteres will ich nicht in diese verrückte Welt setzen. Wie stellst du dir das überhaupt vor? Gibt es nicht genug Juden, die man quält und ermordet? Willst du für Nachschub sorgen?«

»Es ist mein Kind, versteh das doch endlich, Hans, und es ist Zufall, daß du der Vater bist. Es hat überhaupt nichts zu bedeuten, ich werde wieder aus deinem Leben verschwinden. Aber ich will dieses Kind, und ich lasse es mir von niemandem ausreden, auch von dir nicht.«

Ich mußte heftig weinen.

»Immer werde ich schwanger, wenn ich das Kind nicht zur Welt bringen darf! Das ist so ungerecht!«

Hans nahm mich in die Arme. »Komm, Sophia, beruhige dich wieder. Laß uns ein andermal darüber sprechen, auch wenn ich es nicht begreife, wie man an ein Kind denken kann, während die Welt zugrunde geht und Millionen ihr Leben verlieren …«

Zwei Wochen vergingen. Hans war lieb und freundlich zu mir, wie immer. Über die Schwangerschaft verloren wir kein Wort mehr. Eines Tages bekam ich Blutungen und mußte im Bett bleiben. Die Spritzen und Tabletten, die mir der Arzt verabreichte, halfen nicht. Mit geschlossenen Augen lag ich da, voller Angst, mein Kind zu verlieren. Hans kam ans Bett und beobachtete mich. Durch die halb geöffneten Augen glaubte ich zu sehen, wie er etwas in das Wasserglas auf dem Nachttisch fallen ließ. Ich preßte meine Augen vor Schreck wieder fest zusammen.

Stunden später kam ich ins Krankenhaus, die Blutungen hatten zugenommen. Ich verlor das Kind. Ich vermutete, Hans hatte mir etwas ins Glas gegeben, das die Fehlgeburt herbeigeführt hatte. Da ich es nicht beweisen konnte, schwieg ich. Ich mietete mir aber ein anderes Zimmer, in dem ich von nun an alleine lebte. Ich entfernte mich von Hans. Er bat mich um eine Erklärung, denn er wollte mit mir zusammenbleiben, da gestand ich, was mich beschäftigt hatte. Er wies meinen Verdacht zurück und versicherte mir, daß er niemals in der

Lage wäre, so etwas zu tun, aber ich konnte ihm nicht glauben.

Hans hat den Krieg überlebt und zu seiner Familie nach Wien zurückgefunden. Er behauptete, nur dank seiner verstorbenen Mutter überlebt zu haben, deren Geist ihm wiederholt erschienen sei, um ihn vor Gefahren zu warnen. So erschien ihm die Mutter einmal während eines überraschenden Bombenangriffs, als er wie gelähmt unter einem Baum stehen blieb. Sie ermahnte ihn, sofort den Platz zu verlassen, was er auch beherzigte. Im nächsten Augenblick schlug genau an der Stelle, wo er kurz zuvor gestanden hatte, eine Bombe ein. Wenige Tage vor Ende des Krieges versteckte sich Hans auf dem Land. Man konnte schon die russische Artillerie hören, und er fieberte der Stunde der Befreiung entgegen. Dabei ließ seine Achtsamkeit nach, und er wurde von der SS aufgegriffen. Man sperrte ihn mit anderen Gefangenen in einen Schuppen. Ohne Essen und Trinken harrten sie tagelang bis zur Erschöpfung aus. Schließlich ernährten sie sich halb bewußtlos von ihren Exkrementen. Hans verlor zum ersten Mal seinen Lebenswillen, er vegetierte nur noch, drohte jeden Augenblick, sich aufzugeben, da erschien ihm wieder seine Mutter und flehte ihn an, nur noch einen einzigen Tag durchzuhalten. Er raffte sich dazu auf, da er seiner Mutter nie etwas abschlagen konnte. Am Nachmittag des nächsten Tages kamen die Russen und befreiten die wenigen Überlebenden.

Hans und Christel habe ich zum letzten Mal auf dem Wiener Bahnhof gesehen, als ich im Jahre 1957 aus Polen kam, um nach Israel weiterzureisen. Beide kamen, um mir Lebewohl zu sagen. Es war, als ob jeder in die Seele des anderen eindringen wollte, um zu ergründen, ob es dem andern gelungen war, die Kriegsleiden und die Verfolgung zu vergessen. Ich glaube, wir hatten es alle drei geschafft, die schreckliche Zeit zu verdrängen, vergessen konnten wir sie nicht.

Christel erhielt noch einmal ›Besuch‹ von Erpressern. Dieses Mal war ihr Freund Edmund sogar dabei. Aber sie sprachen nur mit ihr. »Wir wissen, daß Sie Jüdin sind. Sie haben sich mit Ihrem Freund hier ein warmes Nest eingerichtet. Wir haben nichts gegen Juden. Aber daß Sie hier weiter so gemütlich leben können, kostet Sie 5000 Złoty. Bis morgen mittag haben Sie Zeit, das Geld zu besorgen.«

Als sie wieder fort waren, verließ Edmund wortlos das Haus. Wie sich später herausstellte, hatte er ein stilles Abkommen mit einem Gestapomann. Für einen monatlichen Geldbetrag beschützte der Deutsche den Juden. Das lief bereits seit zwei Jahren. Edmund kam zurück und sagte Christel, daß alles erledigt wäre.

Am nächsten Tag umstellte Polizei auf Veranlassung des ›Beschützers‹ das Haus. Doch die Erpresser mußten etwas bemerkt haben oder gewarnt worden sein. Sie kamen nicht, um das Geld abzuholen.

»Ich will Warschau verlassen«, sagte Christel an jenem Abend. »Die Deutschen wollen uns alle umbringen, und einige Polen versuchen, das auszunutzen. Ein widerliches Spiel. Ich habe gehört, solche Erpressungsversuche häufen sich derzeit in Warschau. Anscheinend hat sich eine Bande darauf spezialisiert. Auch du solltest Warschau so schnell wie möglich verlassen, Zofia. Hier sind wir nicht mehr sicher.«

Sie fuhr weg, und ich fragte nicht einmal wohin, das war auch besser so im Falle eines Falles. So blieb ich wieder ganz allein zurück.

Seit der Trennung von Hans wohnte ich bei einer alten Gräfin, deren ganze Liebe ihrem fetten Bernhardiner mit dem Namen *Słoneczko* (Sonnchen) galt. Dafür mochte sie Juden überhaupt nicht und ließ es auch jedermann wissen. Meine Herkunft ahnte sie nicht.

»Wollen Sie meine Meinung hören?« sagte sie zu mir. »Die Juden bekommen nur die Strafe, die sie verdienen. So sehe ich das.«

Natürlich legte ich keinen Wert darauf, ihre Meinung zu hören, aber was blieb mir anderes übrig? Eines Tages jedoch kam sie völlig erschüttert nach Hause.

»Stellen Sie sich vor«, erzählte sie. »Da ist im Ghetto ein Geschwisterpaar in einem Federbett aus dem Fenster gesprungen. Das Mädchen blieb verletzt liegen, während der Junge vor den Deutschen wegzulaufen versuchte. Doch er war zu schwach, um den Soldaten zu entkommen. Ein Offizier schoß ihm in den Kopf, hob einen Kanaldeckel hoch und warf den Jungen hinein. Dann schloß er den Deckel wieder und ging weiter, als ob nichts geschehen wäre. Das ist Barbarei, so was sollte man nicht einmal den Juden antun.«

Sie war sichtlich erregt, aber mir wurde übel. Drei Tage später wurde mir klar, daß ich so schnell wie möglich aus Warschau verschwinden mußte.

Ich war noch etwas spät unterwegs gewesen, als mir plötzlich viele Leute entgegenliefen. »Was ist denn los?« fragte ich. Einer der Flüchtenden blieb kurz stehen und rief: »Straßenrazzia.« Ich wußte nur zu gut, was das zu bedeuten hatte. Die ganze Umgebung war abgeriegelt, und deutsche Soldaten und Polizisten machten erbarmungslos Jagd auf alle Menschen, die sich zufällig dort aufhielten. Alle Festgenommenen würden auf Lastwagen geladen und in Konzentrationslager verschleppt werden.

Diese Straßenfallen waren berüchtigt, und nun befand ich mich in einer solchen Situation. Instinktiv ging ich in die Richtung, aus der die Flüchtenden gekommen waren. Nach wenigen Schritten erblickte ich die ersten Soldaten, allen voran ein Offizier mit gezückter Waffe in der Hand. Ohne zu zögern ging ich auf ihn zu und sagte mit dem breitesten Wiener Akzent, den ich zustande brachte: »Heil Hitler! Entschuldigen Sie, Kamerad, aber ich bin zufällig in diesen Sumpf geraten.« Ich zeigte angewidert auf die Fliehenden. »Ich fürchte, daß ich ohne Ihre Hilfe nicht herauskomme, ich habe es sehr eilig, zum Dienst zu kommen.«

Der Offizier schaute mich kurz an, bot mir seinen Arm und führte mich aus der Absperrung heraus. Dann erhob er seine Hand zum Hitlergruß und lief sofort zurück, um den unglücklichen Opfern nachzujagen.

Ich blieb kurz stehen, da ich am ganzen Körper zitterte. Ich dankte Gott für die Chuzpe, die er mir verliehen hatte, und ich war froh über meine solide schauspielerische Ausbildung. Als ich nach Hause kam, merkte ich, daß ich mir vor Angst in die Hosen gepinkelt hatte.

Mein erster Gedanke war, mein Fortgehen mit der Suche nach einer Arbeit zu verbinden. Ich hatte von einem Büro gehört, das Leute zum Arbeiten nach Deutschland vermittelte. Natürlich war das auch mit einem Risiko für mich verbunden, da die Anwärter genau unter die Lupe genommen wurden. Ich entschloß mich zu diesem Schritt in der Hoffnung, daß meine gefälschten Ausweispapiere weiterhin jeder Überprüfung standhielten.

So ging ich zur Vermittlungsstelle und fragte nach Möglichkeiten, ›im Reich‹ zu arbeiten. Ich wurde von einem Gestapobeamten empfangen, der an meiner Person Gefallen zu finden schien. Er war äußerst entgegenkommend und sehr gesprächig.

»Schön, schön, Sie wollen also nach Deutschland. Es melden sich jetzt viele Polen, um dort arbeiten zu können, aber wir sind natürlich auf der Hut, daß sich dabei keine Juden einschmuggeln, um uns durch die Lappen zu gehen.«

Er musterte mich eingehend.

»Für Sie ließe sich ohne weiteres eine Beschäftigung finden. Der nächste Transport geht in ein paar Tagen. Zufällig muß ich diesmal mitfahren«, sagte er mit besonderem Nachdruck. »Der Zug geht nach Wien. Wissen Sie, da fallen nicht so häufig Bomben, dort läßt es sich noch ganz angenehm leben.« Er zwinkerte mir zu, und fast war es so, als bewerbe er sich bei mir und nicht ich mich bei ihm. »Das Leben in Wien würde bestimmt auch Ihnen gefallen. Kommen Sie doch heute nachmittag in das Café *Zum Goldenen Stern*. Dort können wir ungestört über die Einzelheiten sprechen.«

Besagtes Café war ein rein deutsches Haus. Für eine Jüdin war es bestimmt nicht ratsam, sich dort aufzuhalten. Trotzdem riskierte ich es. Ich hatte panische Angst und den Willen zu überleben. Auf die Idee, daß sich jemand mit mir nur befaßte, weil er mich attraktiv fand, kam ich nicht.

Im Café saßen deutsche Offiziere, in kleinen Gruppen zu dritt oder zu viert, manche in weiblicher Begleitung. Viele Blicke richteten sich auf mich. Ich bin in der Höhle des Löwen, dachte ich und schaute mich selbstbewußt um. Mitten im Saal saß meine Verabredung. Der Mann winkte mir zu und erhob sich zur Begrüßung, als ich an seinen Tisch trat. Wenn du wüßtest, dachte ich mir.

»Was möchten Sie trinken?« fragte er mich erwartungsvoll. Ich aber starrte wie hypnotisiert auf seinen Arm. Er trug dort eine Binde mit übergroßem Hakenkreuz. Ich saß in der Falle.

»Danke, nichts. Ich habe keinen Durst«, sagte ich, so ruhig wie nur möglich. Er lachte.

»Sie brauchen keine Angst vor mir zu haben. Ich bestelle Ihnen einen Kaffee.« Er schien sich seiner Überlegenheit nicht nur völlig bewußt zu sein, er genoß sie sogar.

»Nun also zur Sache. Ich werde längere Zeit in Wien bleiben und dort eine Haushälterin benötigen. Keine Bange«, lachte er kurz auf, »Sie werden nicht gerade an Arbeit ersticken, ich meine als Haushälterin bei mir. Wir werden bestimmt prächtig miteinander auskommen. Die Zeit drängt, der Transport nach Wien geht in wenigen Tagen. Ein paar Formalitäten können wir nicht umgehen. Vorab gibt es eine Prüfung, die beweisen soll, daß die Leute christlichen Glaubens sind. Wenn aber jemand das Neue Testament und die Gebete zu gut kennt, werden wir mißtrauisch. Denn die Juden können inzwischen am besten beten!« Er lachte über seinen Scherz, aber ich verzog keine Miene.

»Man wird Ihnen ein paar Fragen zum Neuen Testament stellen und Sie bitten, einige Gebete aufzusagen. Aber vielleicht könnte ich Ihnen diese Umstände auch ersparen. So eine schöne Frau wie Sie muß doch geschont werden. Was meinen Sie?«

Ich fand nicht gleich die rechten Worte, um ihm zu antworten, da sagte er in spaßigem Ton: »Vielleicht sind Sie ja eine Jüdin, die ihr Leben retten will?«

Mir wurde schwarz vor Augen, doch ich nahm meine ganze Kraft zusammen und spielte die Empörte.

»Wollen Sie mich beleidigen? So was sollten Sie nicht einmal im Scherz sagen!«

Er lachte amüsiert. »Aber nicht doch. Es war nur ein Witz, beruhigen Sie sich. Keine Sorge, die Transporte sind garantiert judenfrei. Aber glauben Sie mir, man kann nie wissen. Diese Juden kommen auf die unmöglichsten Ideen, um ihre schäbige Haut zu retten.«

Dann zwinkerte er mir zu: »Bei Ihnen würde es mich nicht mal stören, wenn Sie eine Jüdin wären. Wissen Sie, ich hasse die Juden, aber ich liebe die Jüdinnen. Bei so einer schönen Frau würde ich beide Augen fest zudrücken.«

Ja, meine Augen, dachte ich grimmig, und versuchte wieder zu protestieren. Er winkte ab.

»Genug gescherzt. Kommen Sie morgen in mein Büro, dann können wir alle notwendigen Formalitäten erledigen.«

»Gut«, sagte ich, »dann auf Wiedersehen.« Ich sprang auf, froh, das Weite suchen zu können. »Heil Hitler!« rief er mir noch nach.

Den Gedanken, in Deutschland zu arbeiten, gab ich auf. Ich mußte aber Warschau auf dem schnellsten Weg verlassen. Wenn ich nicht bei ihm erschien, würde der Gestapomann womöglich nach mir suchen lassen. Auf jeden Fall würde er Verdacht schöpfen. Mein Entschluß wurde noch dadurch bestärkt, daß mir mein Vermieter sagte, in meiner Abwesenheit habe die Gestapo nach mir gefragt.

Ich rief Marek und Marysia an. Wir trafen uns in Mareks Wohnung. »Was ist passiert?« fragten sie besorgt. »Ich muß aus Warschau weg. Ich spüre förmlich die Gefahr, daß ich den Deutschen in die Hände falle.« Ich erzählte ihnen meine Begegnung mit dem Gestapobeamten. »Ihr wißt, was ich zu befürchten habe als Jüdin auf der Flucht.«

Marek schüttelte den Kopf. »Du hast Mut, Zofia. Aber zuviel Mut erhöht das Risiko.«

Marysia nahm meinen Kopf zwischen beide Hände, aber sie hielt inne, bevor sie mir einen Kuß auf die Stirn gegeben hatte. »Da fällt mir etwas ein. Ein Bekannter von mir arbeitet als Buchhalter auf einem großen Gut bei Radom. Ich rufe ihn an, vielleicht gibt es ja dort eine Arbeitsmöglichkeit.«

Ich faßte wieder Mut. »Danke, Marysia. Das könnte meine Rettung sein.«

»Bedanke dich erst, wenn es geklappt hat.«

Marysia griff zum Telefon. Wir warteten gute zwei

Stunden, bis die Verbindung zustande kam. Der Buchhalter wurde ans Telefon gerufen, und Marysia erklärte ihm, daß sie für eine gute Freundin Arbeit suche. Plötzlich lachte sie auf. »Was, ihr braucht eine Köchin? Na, das wird wohl nicht das richtige sein. Zofia, kannst du kochen?« fragte sie mich amüsiert.

»Warum nicht«, sagte ich. »Köchin ist so gut wie etwas anderes.«

Marysia blickte mich überrascht an. »Komm ans Telefon, sprich selbst mit ihm.«

Der Buchhalter faßte sich kurz. »Ich gebe Ihnen jetzt den Gutsverwalter. Sprechen Sie Deutsch?«

Ohne die Antwort abzuwarten, gab er den Hörer weiter, und ich hörte plötzlich eine viel tiefere männliche Stimme.

»Sind Sie Köchin?« fragte die Stimme, ohne sich mit einer Begrüßung aufzuhalten. »Können Sie wirklich kochen?«

»Aber natürlich, Herr Administrator, mein ganzes Leben habe ich nichts anderes gemacht als kochen.«

Marysia konnte ihr Lachen nicht unterdrücken, als sie das hörte.

»Können Sie auch russisch kochen?« bohrte er weiter.

»Selbstverständlich«, log ich.

»Nun gut, das wird sich herausstellen. Wenn Sie binnen drei Tagen hier sind und mir einen zweiten Koch mitbringen, da wir hier zwei Küchen betreiben ...«

»Danke, Herr Administrator!«

»Warten Sie doch! Das ist noch nicht alles. Sie müssen auch einen Hund mitbringen. Eine Deutsche Dogge. Wenn Sie also in drei Tagen mit Koch und Dogge hier sind, dann werde ich Sie einstellen. Vorausgesetzt, Sie können wirklich kochen. Jetzt wird mein Buchhalter noch mit Ihnen sprechen.«

»Können Sie wirklich kochen?« fragte der Buchhalter

besorgt. »Wenn nicht, wird der Administrator mir den Kopf abreißen oder mich erschießen. Er ist kein schlechter Kerl, aber berühmt für seine Wutanfälle.«

Der Buchhalter sprach mit mir natürlich polnisch.

»Machen Sie sich keine Sorgen, ich werde es schon schaffen«, sagte ich und hoffte, daß meine eigenen Zweifel nicht durchzuhören waren.

»Also in Gottes Namen.«

Er erklärte mir noch, wie ich zu fahren hatte. »Vor dem Bahnhof in Radom wird eine Pferdekutsche auf Sie warten.«

»Worauf läßt du dich da ein?« sagte Marysia besorgt.

Marek schwieg, machte aber ein skeptisches Gesicht.

»Etwas kochen kann ich ja. Ich habe es mir bei meiner Mutter und meiner Großmutter von deren Küchenpersonal abgeguckt.«

»So, so, ihr hattet also Küchenpersonal zu Hause«, spottete Marek.

»Ja, das waren andere Zeiten. Jedenfalls glaube ich, daß ich dort sicherer sein werde als hier in Warschau. Ich danke euch für eure Hilfe.«

Als ich am nächsten Morgen aufwachte, mußte ich mir selbst immer wieder sagen, daß es kein Traum war und daß ich binnen zwei Tagen einen Koch und eine Dogge ausfindig machen mußte, um auf einem weit entfernt liegenden Gut als Köchin arbeiten zu dürfen. So unglaublich es klingt, ich fand tatsächlich einen Koch mit dem Namen Aleksander und einen Hund, von dem man mir versicherte, daß er eine reinrassige Deutsche Dogge wäre. Voller Zuversicht und ein bißchen stolz auf mich, daß ich, wie in einem Märchen, die mir auferlegten Bedingungen zum Glück in so kurzer Zeit erfüllt hatte, saß ich bald mit Hund und Koch in einem Zug, der mich meiner neuen Bestimmung entgegenbrachte.

Vor dem Radomer Bahnhof wartete tatsächlich eine offene Pferdekutsche. Der Bauer auf dem Bock fragte: »Sind Sie die Köchin aus Warschau?« Ich mußte erst tief durchatmen, ehe ich antworten konnte: »Ja, das bin ich.« Jetzt gab es kein Zurück mehr.

Ich stieg in die Kutsche und gab Aleksander ein Zeichen, auch einzusteigen, aber er hatte ein Herz für Tiere und sagte: »Der Hund muß erst eimal Gassi gehen nach so einer langen Reise. Ich gehe mit ihm ums Eck.«

»Das würde ich lassen«, brummte der Bauer auf seinem Bock. »Auf der anderen Straßenseite habe ich Gestapo gesehen.«

»Na und, wir fahren schließlich für die Deutschen kochen.« Aleksander gab sich selbstsicher, und bevor ich mir eine Meinung bilden konnte, waren Koch und Hund verschwunden.

Der Kutscher verstaute inzwischen unsere Koffer. »Da kommen sie schon«, sagte er etwas ängstlich.

In der Tat sah man Aleksander mit dem Hund an der Leine zurückkommen, dicht hinter ihm drei Gestapomänner. Sie kamen aber nicht zu uns, sondern verschwanden im Bahnhofsgebäude.

»Das werde ich gleich in Ordnung bringen, warten Sie hier auf uns«, sagte ich zu dem Bauern, der inzwischen wieder auf dem Bock Platz genommen hatte.

Ich betrat das Gebäude und ging sofort auf die Gestapo zu. »Warum halten Sie diesen Mann zurück?« fragte ich. »Wir sind zwei Köche für das Landgut Potworów, wir sollen dort für deutsche Soldaten kochen, und zwar ab heute.« Der Offizier würdigte mich keines Blickes und dachte nicht daran, mir zu antworten. »Abführen«, befahl er seinen Leuten, und kurz darauf befanden wir uns samt Hund in einer Stube mit vergitterten Fenstern, in der sich bereits mehrere Gefangene drängten. Ich versuchte, mit zwei Frauen ins Gespräch zu kommen, um mir ein Bild über unsere Lage zu machen. Es waren Schwarzhändlerinnen, die Pech gehabt hatten und im Zug erwischt worden waren. Sie pendelten zwischen Dörfern und Städten und verkauften Fleisch, Wurst und Zigaretten zu überhöhten Preisen.

»Was wird man mit uns tun?« fragte ich besorgt, aber das wußten die Frauen auch nicht. Ihnen war lediglich bekannt, daß um 15 Uhr ein Zug nach Warschau ging. Ich fühlte mich hoffnungslos in der Falle. In Warschau würde mich die Gestapo sofort identifizieren.

Die Tür ging auf, und ein junger Offizier trat herein. »Mitkommen, der Zug fährt gleich ab.« Trotz seiner Gestapo-Uniform sprach er fließend Polnisch.

»Bitte lassen Sie mich mit dem Landgut Potworów telefonieren, der Verwalter wird Ihnen alles bestätigen, es ist doch kein Verbrechen, für deutsche Soldaten zu kochen ...« Ich versuchte, kokett zu wirken, aber meine Verzweiflung war wohl deutlich zu spüren.

»Sie können jetzt nicht telefonieren, die Leitungen sind gestört«, sagte er kühl.

»Dann lassen Sie uns bitte frei. Wir haben doch nichts verbrochen. Ich flehe Sie an!«

»Sie reden zuviel!« Seine Stimme klang ungeduldig. »Steigen Sie in die Kutsche ein und warten Sie dort.«

Der Bauer wartete noch immer vor dem Bahnhof. Teilnahmslos saß er auf seinem Bock, aber seine Augen waren sehr wach. Kaum hatten Aleksander, der Hund und ich wieder Platz genommen, als schon der Offizier erschien.

»Fahren Sie zum Seiteneingang und bleiben Sie davor stehen.« Der Offizier drehte sich um und begleitete die restlichen Gefangenen zum Haupteingang. Nachdem wir zehn Minuten gewartet hatten, schlug ich dem Bauern vor, einfach loszufahren.

»Sie werden uns erwischen«, wandte er ein.

»Aber nein, er hat uns allein gelassen, um uns eine Chance zum Verschwinden zu geben.«

»Wenn Sie meinen.«

Er zog die Zügel stramm, lockerte sie aber gleich wieder. »Wiooo!« trieb er die Pferde an.

Die Kutsche setzte sich in Bewegung, aber im gleichen Augenblick trat der Offizier wieder heraus. Er versperrte uns den Weg.

»Wo wollen Sie denn hin?«

Die Kutsche hielt, ich stieg aus und ging auf den Uniformierten zu. »Lassen Sie uns bitten fahren, Herr Offizier.«

Er lächelte. »Sie können sich weitere Bitten sparen, der Zug ist bereits abgefahren. Nehmen Sie die Seitenwege nach Potworów und lassen Sie sich nicht mehr von der Gestapo erwischen, denn dann kann ich nichts für Sie tun.«

Ich öffnete impulsiv meine Handtasche.

»Halt!« zischte er. »Wollen Sie mir etwa Geld geben?«

»Nein, ich wollte nur mein Taschentuch herausholen«, log ich erschrocken. »Aber wie kann ich Ihnen nur danken, Sie sind ein guter Mensch, Herr Offizier.«

»Geben Sie mir Ihre Hand.« Er lächelte, während er meine Hand drückte. »Fahren Sie mit Gott, fremde Frau.«

Wir fuhren los, und ich schaute mich um. Er stand da und blickte uns nach. Noch heute frage ich mich, wer dieser Mann war. War er jemand, der trotz seiner Uniform nicht vergessen hatte, daß er ein Mensch war? Oder war er vom polnischen Widerstand, der in jener Gegend besonders stark präsent war? Es bleibt ein seltsames Gefühl, wenn man sein Leben Unbekannten verdankt, die nur kurz unseren Weg gekreuzt haben.

Wir waren stundenlang unterwegs. Bei dem Versuch, auf Umwegen Potworów zu erreichen, verfuhr sich unser Kutscher hoffnungslos. Außerdem fing es an zu regnen, und nach einer Weile waren wir alle durchnäßt. Den Hund nahm ich unter meinen Mantel, und er dankte es mir mit dumpfem Knurren. Aleksanders Koffer war aus Pappe und hielt dem Regen nicht lange stand, sein Inhalt rutschte allmählich nach außen. Endlich verließen wir den Wald und fuhren auf einem Feldweg. Der Regen wurde stärker, aber in der Ferne erblickte der Kutscher endlich das Landgut.

Als wir vorfuhren, traten zwei Männer aus dem Gebäude, um uns zu begrüßen. Wir boten einen Anblick nassen Elends, und der größere der beiden Männer konnte sich nicht beherrschen und lachte schallend. Sein Benehmen reizte mich, und ich knurrte ihn buchstäblich an: »Sind Sie noch nie naß geworden?«

Er schien meinen Ärger nicht zu bemerken. »Ich bin der Gutsverwalter, und das ist mein Buchhalter«, sagte er, nahm Aleksander die Hundeleine aus der Hand und verschwand mit dem Tier im Haus.

Der Buchhalter führte uns in die Küche. »Ihr müßt schnell etwas Warmes trinken.« Mehrere Frauen starrten uns neugierig an. »Das sind die neue Köchin und der neue Koch, und das ist die Frau Gutsverwalterin.« Dabei deutete der Buchhalter auf eine dicke, sehr bäuerlich wirkende Frau.

»Bring etwas zu essen und zu trinken!« befahl diese einem der herumstehenden Küchenmädchen. Dabei sah ich eine häßliche Zahnlücke in ihrem Mund. »Nach dem Essen könnt ihr gleich schlafen gehen. Helenka« – sie zeigte auf eines der Mädchen – »wird euch die Zimmer zeigen. Morgen um sechs Uhr will ich euch beide hier in der Küche sehen.« Und so kam ich in des Teufels Küche.

Das Landgut besaß zwei Küchen, eine größere für die dreizehn deutschen Soldaten, die zum Schutz des Gutes vor Partisanen abkommandiert waren, und die acht polnischen Arbeiter, die das Haus renovierten, sowie eine kleinere für den Gutsverwalter, seine Familie und gelegentliche Gäste. Ich war für die erste Küche zuständig, Aleksander für die zweite. Wir hatten sechs polnische Hilfskräfte, alles Mädchen aus dem nahegelegenen Dorf.

In den umliegenden Wäldern formierte sich zunehmend Widerstand gegen die Besatzungsmacht. Das Gut wurde wiederholt angegriffen, und die Soldaten trauten sich nur in größeren Gruppen in die weitere Umgebung. Die Polen, die für die Deutschen arbeiteten, wurden als Verräter angesehen und mußten um ihr Leben bangen. Polnische Frauen, die sich mit deutschen Soldaten eingelassen hatten, wurden aufgegriffen und bekamen die Köpfe kahlgeschoren. Das sollte als Warnung dienen, nicht mit dem Feind gemeinsame Sache zu machen.

So hatte auch ich zunächst Angst, wie wohl meine Stellung auf dem Gut vom polnischen Widerstand eingeschätzt würde, aber ich bekam nie Schwierigkeiten. Später konnte ich wiederholt einigen Bauern behilflich sein bei Problemen mit den Deutschen. Von da an machte ich mir keine Gedanken mehr, denn ich wußte, daß sich solche Nachrichten schnell verbreiten.

Allmählich gewöhnte ich mich an das neue Leben. Jeden Morgen stand ich schon um fünf in der Küche. Nachmittags hatte ich eine Stunde frei, danach ging es bis zum Abend mit dem Kochen weiter. Einmal in der Woche stand mir ein freier Tag zu, an dem mich dann Aleksander vertrat, während ich seinen freien Tag mit übernahm.

Abends fühlte ich mich sehr einsam, aber doch anders als in Krakau, Warschau, Wien oder Berlin. Mit den Leuten auf dem Gut hatte ich kaum etwas gemeinsam. Zum Glück hatte der Verwalter eine junge Sekretärin aus

Warschau, Halina Boretti, die mit ihren Eltern und ihrem Bruder im Dorf wohnte. Ihre Familie wollte das Ende des unseligen Krieges auf dem Lande abwarten. Mit Halina habe ich mich bald angefreundet und sie oft in ihrer Unterkunft im Dorf besucht.

Eines Tages, als ich in meiner Küche arbeitete, kam plötzlich der Verwalter herein. Ohne ein Wort zu sagen, pflanzte er sich breitbeinig vor mir auf und betrachtete mich aufmerksam. Vor Schreck fiel mir ein Teller zu Boden und zerbrach in tausend Stücke. Er hat irgendwie herausbekommen, daß ich jüdisch bin, dachte ich und rang nach Luft. Er aber lachte und schob die Scherben mit dem Stiefel zur Seite.

»Kochen können Sie nicht, Fräulein Sophie, und schon gar nicht russisch, aber verteufelt hübsch sind Sie. Was macht eine Frau wie Sie hier bei uns als Köchin? Irgendwie passen Sie nicht recht in die Landschaft.«

»Aber wieso denn, Herr Administrator? Köchin ist doch ein angesehener und nützlicher Beruf. Schon mein Großvater war Koch, und mein Vater auch, ich bin nur in deren Fußstapfen getreten. In Warschau konnte ich keine Arbeit bekommen. Sind Sie mit meiner Arbeit unzufrieden?«

»Können Sie denn chinesisch kochen?«

»Nein, Herr Administrator, es tut mir leid.«

»Diesmal sind Sie wenigstens ehrlich. Machen Sie sich nichts draus, Sie haben andere Qualitäten, mein schönes Kind.«

Da kam seine Frau zur Tür herein. »Kurt, was ist denn hier los?« wollte sie wissen.

»Was soll los sein? Ich habe nur gefragt, was Sophie heute kocht.«

Er knallte laut mit seiner Peitsche, die er auch bei seinem Besuch in meiner Küche nicht vergessen hatte, und ging hinaus.

Am nächsten Tag kam die Frau des Verwalters zu mir und sagte: »Fräulein Sophie, ich schenke Ihnen ein Kopftuch. Setzen Sie es bitte auf.«

Ich gehorchte ihr sofort, und sie beobachtete mich beim Umlegen des Tuches.

»Noch mehr in die Stirn bitte, damit die Haare bedeckt bleiben und nicht ins Essen fallen können. Ja, so ist es gut.«

Sie musterte mich noch einmal und zog dann sehr zufrieden ab.

Kurz darauf begegnete ich draußen dem Verwalter. »Was ist denn das?« rief er aus und zog mir das Kopftuch mit dem Peitschenstiel vom Kopf.

»Eine Anordnung Ihrer Frau, Herr Administrator«, antwortete ich so schicksalsergeben, wie ich nur konnte.

»Hannelore!« brüllte er laut, und sie erschien sofort. Wahrscheinlich hatte sie uns beobachtet. »Was ist das für eine blödsinnige Idee?« Er zeigte auf das Tuch.

»Ich dachte nur ... das Essen ...«, stammelte sie.

Sie schluckte ihren Ärger herunter, aber er kümmerte sich gar nicht um sie. »Laß das in Zukunft.«

»Wie du meinst, Liebling«, sagte sie leise und tat mir fast leid dabei. Haßerfüllt schaute sie mich an und ging fort.

Das hatte mir gerade noch gefehlt, daß sie eifersüchtig war auf mich! Wenn es so weitergeht, wird sie mich rausschmeißen. Ich war inzwischen sicher, daß ich auf diesem Landgut eine reelle Überlebenschance hatte, dennoch verfolgte mich weiter die Angst, als Jüdin erkannt zu werden. Aber zum Glück hatte die Frau des Verwalters nicht viel zu sagen, und ihr Mann war mir ja gut gesonnen. Allerdings konnte jetzt dieses Wohlwollen zum Problem für mich werden. Ich lernte schnell, und mit der Zeit wurde ich eine ganz gute Köchin, auch wenn ich die exotischen Wünsche des

Verwalters auf kulinarischem Gebiet nach wie vor nicht erfüllen konnte.

Kurt von Bulkow, so hieß der Verwalter, ein Adliger, ein Herr Baron sogar, war von Beruf Wissenschaftler und Reiseschriftsteller und hatte viele ferne Länder kennengelernt. Neben seiner Intelligenz und seinem Wissen glänzte er auch mit einer erschreckenden Zügellosigkeit, ja Roheit. Er konnte sehr kultiviert erzählen, aber manchmal verlor er völlig die Beherrschung. Und seine Peitsche schien er nie aus der Hand zu legen.

Meine freien Tage verbrachte ich mit der Familie Boretti. Oft ging ich mit Halina spazieren. Manchmal flirtete ich mit ihrem jüngeren Bruder Stefan, ganz harmlos, nur um nicht zu vergessen, daß ich eine Frau war. Ich vermutete, daß er ein wenig in mich verliebt war. Stefan war ein freundlicher junger Mann, aber mehr als einen Kuß ließ ich nicht zu. Nach körperlicher Liebe war mir nicht zumute. Zuneigung und menschliche Wärme waren mir wichtig, das Gefühl, für einen Augenblick wieder eine begehrenswerte Frau zu sein und nicht ein gejagtes Tier. Von meiner Herkunft erzählte ich den Borettis nichts, und sie fragten auch nie nach meiner Vergangenheit, aber ich hatte das Gefühl, daß sie etwas ahnten.

Eines Tages versuchte Stefan Boretti, mich auf einem Spaziergang zu küssen. Da tauchte plötzlich der Gutsverwalter auf. Er bedrohte Stefan mit seiner Pistole. »Du wagst es, ihr nahe zu kommen, du Wurm?«

Stefan blieb wie gelähmt stehen. Seine Augen starrten den Lauf des Revolvers an. Ich stellte mich vor den Jungen.

»Bitte, Herr Verwalter, was tun Sie da? Ich glaube, Sie nehmen sich etwas heraus, was Ihnen nicht zusteht.« Ich sprach so fest und ruhig wie irgend möglich.

»Gehen Sie aus dem Weg! Ich knalle ihn ab! Sind Sie verrückt geworden?«

»Sie haben keinen Grund, Ihre Waffe auf diesen Mann zu richten oder sich hier so aufzuführen. Lassen Sie uns bitte.«

Der Gutsverwalter schaute mich verwirrt an. »Wir sprechen uns noch, Frau Köchin, darauf können Sie Gift nehmen.« Er steckte seine Waffe weg und verschwand.

Ich brachte den noch immer unter Schock stehenden Stefan nach Hause und begab mich zögernd zum Landgut zurück. Von Bulkow war irrsinnig, aber er hatte mich in der Hand. Hier auf dem Lande war ich einigermaßen sicher. Aber wenn mich der Administrator nun rausschmeißt, wohin dann? Er konnte mich nach Warschau zurückschicken. Dort wäre es viel schwieriger unterzutauchen.

Kaum war ich auf meinem Zimmer angekommen, erschien auch schon mein Arbeitgeber. Ohne anzuklopfen kam er herein und stürzte sich sofort auf mich, um mich zu küssen.

»Nein, bitte nicht«, wehrte ich ihn ab.

»Gefalle ich dir nicht? Mit dem jungen Boretti küßt du dich aber.«

»Das ist nicht wahr, Herr Verwalter.«

»So, du bestreitest das also? Ich bin euch nachgegangen und habe es genau gesehen.«

»Es war nur ein Freundschaftskuß, nicht was Sie denken.«

Er winkte ab. »Ab sofort darfst du nicht mehr zu den Borettis ins Dorf. Ist das klar?«

Dann änderte er plötzlich den Tonfall. »Sophie, sei gut zu mir, es soll nicht dein Schaden sein. Ich gebe dir alles, was du willst.« Er versuchte, mich wieder in seine Arme zu schließen.

»Sie sind doch verheiratet, Herr Verwalter, vergessen Sie das nicht.«

»Ich liebe meine Frau nicht. Ich habe sie geheiratet, weil sie mich gesund gepflegt hat, als ich todkrank war. Sie ist Krankenschwester von Beruf. Vor dem Krieg war ich Schriftsteller und habe viele Jahre in Afrika verbracht. Dort habe ich mir die Malaria geholt. Vergiß es, denke nicht an meine Frau, sie ist nicht wichtig.«

»Aber, Herr Administrator, bedenken Sie doch, Sie sind ein Adliger, ein Schriftsteller, ein gebildeter Mann, und ich bin nur eine schlichte Köchin.«

»Papperlapapp! Für wie dumm hältst du mich eigentlich? Du bist keine Köchin, bist es nie gewesen. Es geht mich ja nichts an, warum du dich als Köchin ausgibst. Wichtig ist nur eins: ich will dich haben! Verstehst du? Ich muß dich haben!«

Diese Unterhaltung nahm einen noch gefährlicheren Verlauf, als ich vorher befürchtet hatte. Was wußte er und was vermutete er? War ich hier überhaupt noch sicher, wenn ich auf die Gnade oder Ungnade des liebeskranken und jähzornigen Administrators angewiesen sein sollte? Eines wußte ich mit Sicherheit: mit diesem Mann konnte und wollte ich nicht ins Bett steigen. Um keinen Preis der Welt.

»Herr Administrator, ich fühle mich geschmeichelt, daß ein Mann wie Sie mich überhaupt beachtet. Haben Sie doch etwas Geduld mit mir. Es kommt alles so plötzlich. Ich brauche etwas mehr Zeit.« Ich schenkte ihm mein schönstes Lächeln.

»Gefalle ich dir denn ein bißchen? Sei ehrlich!«

»Aber natürlich, Sie sind ein wunderbarer Mann«, sagte ich mit leiser Stimme.

»Also gut, es soll so sein, wie du willst. Ich will Geduld mit dir haben. Aber allzu lange kann ich nicht mehr warten«, fügte er gequält hinzu. »Und vergiß nicht, bei den Borettis läßt du dich nicht mehr blicken.«

Es hatte sich sehr schnell herausgestellt, daß Aleksander ein notorischer Trinker war und der Hund, den ich mitgebracht hatte, nur eine Promenadenmischung. Der Hund wurde an einen Bauern verkauft, und der Koch wurde entlassen, nachdem er einmal so betrunken war, daß er drei Tage nacheinander nicht zur Arbeit erscheinen konnte. Nun mußte ich beide Küchen betreuen, was sich als sehr anstrengend erwies. Nach ein paar Wochen wurde eine zweite Köchin angestellt, Sabina, mit der ich mich von Anfang an gut verstand. Sie merkte sofort, daß der Gutsverwalter hinter mir her war.

»Zofia«, lachte sie, »du mußt verdammt klug sein, sonst schmeißt er dich raus. Hier läßt sich doch wirklich gut leben. Keine Bomben, keine Repressalien und gutes Essen. Nimm dich in acht, du mußt sehr diplomatisch sein.«

Die Soldaten, die zum Schutz des Gutes abkommandiert waren, hatten einen großen schwarzen Schäferhund. Er war sehr wild und ließ sich nur von einem einzigen Soldaten anfassen, der ihn auch regelmäßig fütterte. Trotz seiner Gefährlichkeit erinnerte er mich irgendwie an meinen lieben Schäferhund Trick, den ich als Kind gehabt hatte, und ich warf ihm öfter Leckerbissen zu, was natürlich streng verboten war. Schon bald nahm der Hund die Gewohnheit an, sich vor meine Küche zu setzen, wo er Angst und Schrecken verbreitete.

Eines Tages, als der Hund mich wieder besuchte, kam der Gutsverwalter in die Küche. »Na, meine Schöne, du hast Gesellschaft«, sagte er und streckte die Hand aus, um das Tier zu streicheln. »Lassen Sie das lieber«, sagte ich, »der Hund könnte Sie beißen.«

Er aber lachte nur: »Mich hat noch nie ein Hund gebissen!«

Im gleichen Augenblick schnappte der Hund nach seiner Hand, der Gutsverwalter stürzte zu Boden. Nur mit

Mühe gelang es mir, den Hund von dem verletzten Mann wegzuzerren, während ich um Hilfe rief. Einige Soldaten stürzten in die Küche, und während ich den knurrenden Hund nach draußen schickte, schleppten die Männer den Verwalter nach nebenan in eine Kammer. Der Hund wurde noch am gleichen Tag erschossen. Ich hatte in seine Erziehung hineingepfuscht, das war ihm nicht bekommen und konnte nun auch mich gefährden. Als sein Nachfolger wurde ein mächtiger schwarzer Hund angeschafft, mit dem ich mich nicht anfreundete. Er gehorchte nur einem einzigen Soldaten und flößte mir panische Angst ein. Wenn ich ihn sah, rief ich schon von weitem, daß der Soldat ihn wegsperren solle.

Eine ganze Woche lang mußte der Gutsverwalter das Bett hüten, da die Adern am Handgelenk schwer verletzt waren. Dann schickte er seine Frau nach mir: ich sollte bei ihm Maniküre machen. Mir blieb nichts anderes übrig, und ich begab mich in seine Privaträume, wo ich ihn an seinem Schreibtisch fand.

So schlecht kann es ihm ja nicht gehen, wenn er schon sitzen kann, dachte ich und wurde etwas unruhig.

»Setzen Sie sich zu mir, Fräulein Sophie. Auf dem Tischchen finden Sie alles, was Sie zur Maniküre brauchen.«

»So was habe ich aber noch nie gemacht«, warnte ich ihn.

»Keine Widerrede, fangen Sie endlich an!«

Er bemerkte, daß sich seine Frau noch im Zimmer befand und uns beobachtete.

»Du, meine Liebe«, wandte er sich an sie, »geh raus und achte darauf, daß die Leute arbeiten. Die Halunken denken bestimmt, sie können faulenzen, nur weil ich krank bin.«

»Aber Kurt, ich möchte viel lieber bei dir bleiben.« Die Frau des Verwalters schaute mich besorgt an.

»Tu doch endlich, was ich dir sage! Warum hört denn plötzlich niemand mehr auf mich?«

Widerstrebend ging Frau von Bulkow aus dem Zimmer. Er sprang sofort auf: »So, jetzt sind wir sie endlich los. Die ganze Woche war ich ans Bett gefesselt und konnte dich nicht sehen. Sophie, du machst mich verrückt. Wenn du willst, laß ich mich scheiden und heirate dich.«

»Sie sprechen mit Ihrer Köchin.« Ich versuchte, ihn zur Raison zu bringen. »Sie werden wohl kaum eine Polin heiraten wollen.«

»Ich weiß nicht, warum du dich als Köchin ausgibst, und das ist mir auch egal. Ich bin kein Nazi, ich tue hier nur meine Pflicht. Ich habe ganz andere Interessen. Ich liebe dich, Sophie. Vielleicht bist du eine Spionin, vielleicht arbeitest du für den polnischen Untergrund, aber auch das würde mich nicht abschrecken.«

Auf die Idee, daß ich eine Jüdin auf der Flucht sein könnte, ist er nicht gekommen, dachte ich erleichtert.

Er setzte sich wieder hin. »Los, Sophie, mach mir Maniküre, sonst schöpft meine Frau noch Verdacht.«

»Aber ja!« Ich stimmte ihm bei, froh über den Themenwechsel. Bei der Maniküre stellte ich mich sehr ungeschickt an, und schon bald bluteten seine Finger.

»Es tut mir leid«, sagte ich, diesmal der Wahrheit entsprechend.

»Macht nichts«, sagte er lachend. »Hauptsache, du bist bei mir, und ich kann ungestört ein paar Worte mit dir wechseln. – Bist du auch brav? Du weißt ja, kein Wiedersehen mit dem Boretti und keinen Flirt mit den Soldaten!«

»Aber, Herr Administrator, was denken Sie von mir?«

»Ich weiß, ich weiß, entschuldige, aber ich bin so eifersüchtig.«

Jeden Abend, bevor ich zu Bett ging, kam ein Küchenmädchen zu mir ins Zimmer und brachte mir einen Eimer heißes Wasser zum Waschen. Oft blieb sie noch eine Weile sitzen und erzählte.

»Wissen Sie, Frau Wirtin« – das Personal, aber auch die Soldaten nannten mich so –, »die Soldaten hier haben Angst davor, mit Ihnen zu sprechen, weil sie wissen, daß der Gutsverwalter in Sie verknallt ist. Auch im Dorf spricht man schon darüber.«

»Da kannst du mal sehen, wie schnell man in Verruf gerät, ohne etwas dafür zu können. Ich bin ihm einfach sympathisch, das ist alles. Er liebt nur seine Frau.«

»Diese Vogelscheuche?« Helenka, so hieß das Mädchen, fing an zu lachen. Auf der Treppe hörten wir einen schweren Schritt. Sie wurde sofort wieder leise. »Er kommt!« rief sie, sprang auf und wollte sofort gehen.

»Nein, bleib bitte, ich möchte jetzt nicht allein sein.«

In der letzten Zeit kam er jeden Abend auf seinem Kontrollgang bei mir vorbei, um mir gute Nacht zu sagen. Die häufige Anwesenheit Helenkas bei mir war ihm ein Dorn im Auge, aber bis jetzt war er nicht darauf eingegangen.

Die Tür ging auf: »Das dachte ich mir doch. Was machst du denn hier, Helenka?« Seine Stimme klang dumpf und das Mädchen schaute mich vorwurfsvoll an.

»Ich habe das Waschwasser gebracht«, stotterte sie in ihrem gebrochenen Deutsch.

»Soso, das ist aber ein komischer Zufall, jedesmal, wenn ich komme, bist du da. Hat dir Fräulein Sophie das etwa befohlen?«

»Nein, wieso?« Helenka schaute mich flehend an.

»Sie werden mir doch zugestehen, Herr Administrator, daß ich mich mit warmem Wasser wasche, oder?«

»Papperlapapp. Verschwinde jetzt hier!«

Er schloß die Tür hinter dem eingeschüchterten

Mädchen. Dann nahm er meine Hand und küßte sie. »Keine Angst, ich gehe gleich wieder, ich bin auch müde. Aber meine Geduld ist bald am Ende. Wie lange soll ich noch warten?«

Auf Befehl der Frau des Verwalters sollten Sabina und ich Berliner Pfannkuchen backen. Hoher Besuch aus Radom hatte sich angesagt. Sabina erklärte mir erst einmal, wie ich das überhaupt anstellen mußte. Es war eine Premiere für mich, und ich hatte Angst, zu versagen, schließlich stand meine gute Stelle auf dem Spiel. Den Teig kriegte ich noch ganz gut hin, aber ich vergaß, daß das Öl heiß sein muß, bevor die Teigbällchen hineingeworfen werden, und meine Berliner saugten sich mit Öl voll. Natürlich waren sie absolut ungenießbar. In meiner Verzweiflung ging ich in die zweite Küche und konnte meine Tränen nicht unterdrücken.

»Was soll ich jetzt nur tun?«

Sabina lachte. »Ich habe viel zu viele Berliner gemacht. Ich gebe dir fünfzig Stück davon ab, so wird niemand etwas merken.«

Ich versteckte meine mißlungenen Berliner und baute die von Sabina in zwei Schüsseln auf, nachdem ich sie mit Puderzucker bestreut hatte. Frau Administrator war begeistert, sie probierte von unseren Berlinern und gab zu, nicht feststellen zu können, welche besser waren. Außerdem befahl sie mir, im Garten einen Strauß Blumen für den Eßtisch zu pflücken.

Ich gehorchte und pflückte wunderschöne rote Rosen. Ich befand mich gerade mit dem Strauß im Arm auf dem Rückweg ins Haus, als der Wagen mit den Besuchern vorfuhr und die hohen Herren ausstiegen. Die Frau des Verwalters stand im Hauseingang, aber die zwei Generäle kamen auf mich zu, salutierten mit erhobenem Arm und riefen: »Heil Hitler, gnädige Frau!«

Vor Scham rot angelaufen, hielt ich die Luft an. Der Gutsverwalter konnte sein lautes Lachen nicht unterdrücken. »Das hier ist meine schöne Köchin, meine Herren. Meine Frau Gemahlin erwartet Sie an der Haustür.«

Ich lief so schnell ich konnte ins Haus. Mir war klar, daß ich nun endgültig in Frau von Bulkow eine Todfeindin hatte und daß sich eine Jüdin in diesen Zeiten keine weiteren Feinde leisten konnte.

Zu den Pflichten der Frau des Verwalters gehörte es, jeden Morgen früh um fünf die Milch aus den Landgutbeständen an die Bauern zu verteilen, da so gut wie alle Milchkühe der Umgebung zwangsweise auf dem Gut konzentriert wurden – sehr zum Ärger der Dorfbewohner, die jetzt ihre Milch auf dem Gut holen mußten, überdies entrahmte Milch, welche die Bauern normalerweise nur an die Schweine verfütterten. Nun entschloß sich Frau von Bulkow, diese Aufgabe mir zu übertragen. Von Anfang an ignorierte ich die Anordnung, den Bauern nur die entrahmte Milch zuzuteilen, und gab statt dessen Vollmilch aus. Leider verplapperte sich schon bald einer der Bauern, und Frau von Bulkow war empört.

»Wissen Sie überhaupt, welchen Schaden Sie dem Deutschen Reich zufügen?« Sie schimpfte mich tüchtig aus und verteilte die Milch nun wieder selbst. Aber es gefiel ihr überhaupt nicht, sehr früh aufstehen zu müssen, und übertrug diese Aufgabe bald wieder mir. Nun gab ich den armen Leuten weiterhin Vollmilch. So gelang es mir, eine gute Beziehung zum Dorf aufrechtzuerhalten.

Zuweilen konnte ich mich auch für die Interessen der Bauern einsetzen und sie vor deutschen Soldaten in Schutz nehmen. Ob es sich um Pferde oder um Geldbeutel handelte, die den Bauern abgenommen wurden, oft konnte ich die Soldaten dazu bringen, die Sachen dem Eigentümer wieder zurückzugeben. Dafür steckte ich gelegentlich den Soldaten, etwa wenn sie auf Heimaturlaub gingen, begehrte Lebensmittel zu, und sie waren dankbar und respektierten mich auch, ohne irgendwelche Annäherungsversuche zu starten.

Nur der Verwalter bereitete mir weiterhin Sorgen. Er wurde immer zudringlicher, und ich wußte nicht mehr, wie ich mich vor ihm schützen sollte. Ich durfte zwar inzwischen, nach wiederholten Bitten, wieder die Borettis besuchen, aber nur unter der Bedingung, nichts mit Stefan Boretti zu unternehmen.

Frau von Bulkow fuhr oft mit der Kutsche in die Stadt. Ihr Mann nutzte ihre Abwesenheit und befahl mich zu sich, zu Kaffee und Kuchen, wie er vorgab. Auf meine Bitte erlaubte er mir, eine ›Anstandsdame‹ mitzubringen. Es war eine Mitarbeiterin aus seinem Büro. Wir unterhielten uns zu dritt und durften manchmal sogar ausländische Radiosender bei ihm hören, was eigentlich streng verboten war. Herr von Bulkow zeigte sich sehr manierlich, und ich atmete etwas auf.

Leider dauerte die Entspannung nur kurze Zeit. Eines Tages, als ich schon im Bett lag und Helenka neben mir auf dem Fußboden hockte, stürzte er ohne anzuklopfen in mein Zimmer.

»Raus hier!« schrie er das Mädchen an. Sie floh, und er verschloß meine Zimmertür. Dann setzte er sich an mein Bett und begann mich zu streicheln.

»Ich bin sehr müde, bitte gehen Sie«, sagte ich sehr vorsichtig, aber seine Liebkosungen wurden noch zudringlicher. »Bitte nicht, denken Sie an Ihre Frau.«

Doch er dachte nicht daran aufzuhören.

»Ich liebe dich, ich kann nicht mehr ohne dich leben, ich kann nicht essen und nicht schlafen. Hör zu, wenn du jetzt nicht nett bist, werde ich mir Gedanken darüber machen müssen, wer du wirklich bist und warum du dich als Köchin ausgibst.«

Ich schloß die Augen. Es fehlte bloß noch, daß er sagte, ich sei Jüdin. Es blieb mir bei Gott wohl nichts anderes übrig, als nachzugeben. Plötzlich fielen draußen ein paar Schüsse. Der Verwalter sprang auf und lief mit gezückter Pistole aus meinem Zimmer. Draußen hörte man Schreie: »Partisanen greifen an!«

Die Partisanen zogen sich bald wieder zurück, aber zum Glück kam der Verwalter an diesem Abend nicht wieder zu mir. Die Feldgendarmerie, die ihr Quartier bisher in der Dorfschule gehabt hatte, bezog jetzt Räume auf dem Landgut, um so jederzeit im Falle eines erneuten Partisanenangriffs bereit zu sein. In Anbetracht der einquartierten Gendarmerie zeigte sich der Verwalter mir gegenüber nun etwas zurückhaltender. Seit der besagten Nacht betrat er mein Zimmer nicht mehr. Allerdings flüsterte er mir bei der ersten Gelegenheit ins Ohr: »Keine Angst, Sophie, aufgeschoben ist nicht aufgehoben.« Vorsichtshalber verriegelte ich jetzt immer meine Tür.

Eines Abends kam ein Gendarm in die Küche und verlangte nach einem starken Kaffee. Als er meinen ablehnenden Blick sah, erklärte er, daß der Kaffee nicht für ihn bestimmt wäre, sondern für seinen Vorgesetzten, Hauptmann Schäfer. Jener hatte die Nachricht erhalten, daß sein Bruder in Rußland gefallen war, und sich bis zur Sinnlosigkeit betrunken. Wenn der Verwalter ihn so betrunken anträfe, bekäme er große Schwierigkeiten.

Der Gendarm ging gleich wieder, und ich machte mich daran, einen starken Kaffee zu kochen. Dann begab ich mich mit einer vollen Kanne zu den Unterkünften der Feldgendarmerie. Hauptmann Schäfer lag auf seinem Bett und schluchzte.

»Nehmen Sie sich zusammen«, sagte ich leise, »oder Sie bekommen Ärger mit dem Gutsverwalter. Trinken Sie den Kaffee hier, das wird Ihnen guttun.«

Er winkte ab. »Ich will nicht. Mein Bruder lebt nicht mehr. Wie viele Menschen müssen noch sterben, ehe Hitler Ruhe gibt?«

Ich zuckte zusammen. Wenn jemand diese Äußerung mitbekam, dann war nicht nur der Hauptmann dran, sondern auch ich.

»Sie sind betrunken, Herr Offizier, und Sie wissen nicht, was Sie da reden. Schließlich sind Sie in Hitlers Namen hier.«

Er schaute mich an, und ich bekam es mit der Angst zu tun. Mir kam es so vor, als ob der Hauptmann gar nicht so betrunken war, wie ich gedacht hatte.

Er blickte mich noch immer prüfend an. »Sie hassen alle Deutschen, nicht wahr?« Als ich ihm die Antwort schuldig blieb, fügte er hinzu: »Danke, Frau Wirtin. Ich danke Ihnen für Ihre christliche Hilfe.«

Ich lief schnell aus dem Zimmer und dem Verwalter direkt in die Arme. Ihm verschlug es die Sprache. Er hielt mich an den Armen fest und schnappte nach Luft. Endlich fand er seine Stimme wieder.

»Was suchst du hier? Welcher Kerl war das? Schweige dich nur aus, ich werde es gleich selbst herausfinden.«

Ich hörte, wie er in die Stube hineinging. Seine Stimme tönte laut: »So, Sie sind es also, Herr Hauptmann. Das gefällt mir aber gar nicht. Lassen Sie in Zukunft meine Köchin in Ruhe!«

»Aber, Herr von Bulkow!« Schäfers Stimme hörte sich ganz nüchtern an. »Die Köchin trifft keine Schuld. Ich hatte migräneartige Kopfschmerzen und schickte nach einem Kaffee, das ist alles.«

Der Verwalter kam wieder heraus, und ich hörte, wie er etwas von ›Märchen‹ murmelte. Als er mich sah, brüllte er: »Du bist noch hier? Ich lasse mich von niemandem verscheißern. Ich bin im Bilde. Hinaus mit dir, du …« Er sprach die Beschimpfung, die er für mich parat hatte, nicht aus. »Du kannst deine Koffer packen und morgen früh verschwinden.«

Weinend lief ich auf mein Zimmer. Es war dumm von mir, mich wegen eines deutschen Hauptmanns in solche Gefahr zu bringen, auch wenn er um seinen Bruder trauerte. Was ging mich das an – wahrscheinlich war meine ganze Familie schon tot und schuld daran waren die Deutschen, auch Hauptmann Schäfer und sein Bruder.

Schluchzend legte ich mich auf mein Bett und schlief ein. Als ich wieder aufwachte, war es draußen schon hell. Es klopfte an der Tür, und der Verwalter trat ein. Ich hatte vergessen, meine Tür abzuriegeln.

»Was ist das?« fragte er und zeigte auf die halb gepackten Koffer.

»Sie haben mich gestern abend rausgeschmissen. Also bereite ich meine Abreise vor.«

»Papperlapapp. Pack diese verdammten Koffer wieder aus.«

Er lächelte, und ich wußte sofort, daß ich bleiben durfte. Trotzdem wollte ich es ihm nicht so leicht machen. »Nein, Herr von Bulkow, ich gehe. Sie haben mir gestern abend Unrecht getan.«

Er wirkte zerknirscht. »Ich weiß, aber es ist nur geschehen, weil ich dich liebe. Bitte bleib!«

»Nein, Herr von Bulkow, ich denke nicht daran. Ich werde noch heute das Gut verlassen.«

Er drehte sich um und verließ das Zimmer ohne ein weiteres Wort. Nun bekam ich Angst, daß ich den Bogen überspannt hatte. Was sollte ich jetzt tun?

Einige Minuten später erschien seine Frau bei mir. »Liebes Fräulein Sophie, Sie müssen es verstehen, mein

Mann ist ein sehr moralischer Mensch. Er dachte, daß Sie etwas mit dem Hauptmann hätten. Aber es hat sich alles aufgeklärt. Der Hauptmann hat noch gestern abend mit ihm gesprochen. Also seien Sie nicht böse und bleiben Sie bei uns. Sie bekommen von mir zwei Kleider und eine Gehaltserhöhung.«

Als sie sah, daß ich zustimmend nickte, sagte sie noch: »Ich hätte nichts dagegen, wenn Sie fortgingen, aber mein Mann besteht darauf, daß Sie bleiben.«

Sie drehte sich um und ging. Diese bedingungslos ergebene Frau tat mir wirklich leid, und ich wäre fortgegangen, wenn ich nur gewußt hätte wohin.

Es kam der Herbst 1944. Hitler begann, an Boden zu verlieren. Die Alliierten waren auf dem Vormarsch. Die russische Front rückte immer näher. An einem Nachmittag erschien der Gutsverwalter in meiner Küche und verkündete: »Die Russen kommen. Es ist eine Anordnung erlassen worden, die besagt, daß alle Deutschen diese Region verlassen müssen. Es ist nur ein Rückzug auf Zeit. Aber wir kommen wieder. Der Buchhalter und du, ihr kommt mit mir nach Deutschland.«

»Nein, auf keinen Fall«, protestierte ich sofort, »ich will nicht mitkommen, ich bleibe hier.«

»Das hätte ich mir denken können.« Der Verwalter war wirklich aufgebracht. »Du freust dich wohl, daß die Russen kommen? Du bist womöglich eine russische Spionin? Überleg es dir noch mal. Wenn du morgen nicht mitkommst, lasse ich dich durch die SS verhaften und du wirst erschossen. Verstanden?«

Kaum war er verschwunden, erschien schon der Buchhalter. »Der Verwalter hat angeordnet, daß Sie auf jeden Fall mitgenommen werden, tot oder lebendig. Mich will er auch mitnehmen, warum auch immer. Aber ich haue ab, ich werde mich im Dorf verstecken, bis der letzte

Deutsche hier verschwunden ist. Übermorgen sind sie weg, schätze ich. Sie sollten sich auch ein Versteck suchen, sonst sind Sie dran. Er wird nicht lockerlassen.«

Ich lief schnell auf mein Zimmer und versuchte, das Notwendigste einzupacken. Mir fiel aber nichts weiter ein, als meinen Schmuck anzulegen und eine große Flasche Parfüm in ein großes Tuch zu wickeln. Meine Kleider packte ich in einen Koffer und bat das Küchenmädchen, ihn zu verstecken.

»Wo gehen Sie denn hin?«

»Das werde ich euch besser nicht sagen, dann kann es der Verwalter nicht aus euch rausquetschen.«

Nach Art der Bäuerinnen band ich mir ein Tuch um den Kopf und machte mich auf den Weg ins Dorf. Meinen Schmuck deponierte ich bei Borettis. Erst später erfuhr ich, daß der Verwalter das Küchenmädchen so lange mit der Pistole bedrohte, bis sie meinen Koffer rausrückte. Mein Versteck konnte sie ihm aber nicht nennen. Als nächstes suchte er natürlich bei den Borettis, aber auch die konnten ihm nichts sagen.

Im Dorf ging ich zu einem Bauern, dem ich einmal geholfen hatte, sein Pferd wiederzubekommen, das die Deutschen beschlagnahmt hatten.

»Verstecken Sie mich«, bat ich ihn, »das Risiko ist nicht groß, die Deutschen werden schon morgen weg sein. Sie packen ihre Sachen und haben einen Marschbefehl.«

Der Bauer hatte Angst, aber er fühlte sich mir auch verpflichtet.

»Gehen Sie in die Scheune, ich werde Ihnen zu essen bringen und eine warme Decke geben.«

Die Nacht verbrachte ich im Heu und hatte sogar einen guten Schlaf. Am Morgen kam der Bauer und sagte: »Es tut mir leid, aber Sie müssen hier weg. Die russische Front ist zurückgedrängt worden, die Deutschen bleiben hier. Der Verwalter tobt, er hat die Gestapo informiert und behauptet, Sie seien eine russische Spionin. Er hat tausend Zloty auf Ihren Kopf ausgesetzt, tot oder lebendig. Wer Sie versteckt oder Ihnen sonstwie hilft, wird sofort erschossen. Sie sehen also selbst, daß Sie nicht bleiben können.«

Ja, das sah ich ein, aber wohin sollte ich gehen? Ich gab dem Bauern meine Hand, sagte: »Ich danke Ihnen«, band mein Tuch um und verließ die Scheune. Ein paar Stunden ging ich auf den Feldwegen umher, immer darauf achtend, daß niemand meinen Weg kreuzte. Ich hatte Hunger und Durst, aber meine Angst war noch stärker. Nun war ich wirklich Freiwild, ohne Schutz und Zuflucht unterwegs. Wem konnte ich noch trauen, wenn ein Preisgeld ausgesetzt war? Wer würde mir helfen wollen, wenn er sich damit selbst in Gefahr brachte?

Meine Füße schmerzten, denn ich lief barfuß, wie es die Bäuerinnen taten. Irgendwann kam ich im Nachbardorf an. Vor einem Haus stand eine Frau und schaute mich ausdruckslos an. Würde sie mich erkennen? »Kommen Sie herein«, sprach mich die Bäuerin an. Ich folgte ihr wortlos in die Stube und setzte mich an den schlichten Holztisch.

Nach einer Weile fragte ich: »Sie wissen, wer ich bin?«

»Ja«, antwortete sie, »die ganze Umgebung weiß über Ihre Flucht Bescheid.«

Ich wollte wieder gehen, aber sie drückte mich sanft auf den Stuhl zurück. »Haben Sie keine Angst. Sie haben den Bauern oft geholfen, und jetzt werden die Bauern Ihnen helfen.«

Sie stellte Brot, Käse und einen Krug voll Milch vor mich hin. Ich stürzte mich auf das Essen, und als ich fertig war, führte mich die Frau in die Scheune.

»Hier sind Sie vorerst sicher. Die Gestapo war schon hier und hat nach Ihnen gesucht. So schnell werden sie nicht zurückkommen.«

Drei Tage ruhte ich mich in der Scheune aus, aber leider hatten die Nachbarn etwas gemerkt. Tausend Zloty waren damals viel Geld, genug jedenfalls, um dafür einen Menschen zu verraten. So sagte die Bäuerin zu mir: »Der Bruder meines Mannes ist gerade bei uns zu Besuch. Er ist bereit, Sie bei sich aufzunehmen. Hier haben Sie ein paar andere Kleider, damit Sie nicht so auffallen.«

Ich zog mich in der Scheune um und begab mich dann in die Stube, wo ich dem jungen Mann vorgestellt wurde. »Sie sind eine mutige Frau, das gefällt mir, und deshalb werde ich Ihnen helfen. Ich heiße Janek, wir müssen uns duzen, sonst fällt etwas auf. Meiner Frau werde ich sagen, daß Sie eine Kusine von mir sind.«

»Natürlich, Janek. Ich bin Zosia.«

»Gut, Zosia, wenn es dunkel ist, werden wir aufbrechen.«

Es wurde Nacht, wir gingen durch den Wald, und meine Angst ging mit. Unter einem großen Baum blieb Janek plötzlich stehen und sagte: »Hier werden wir uns lieben.« Ohne zu zögern nahm er mich in seine Arme. Zuerst wagte ich nicht zu widersprechen, aber dann befreite ich mich aus seiner Umarmung und trat einen Schritt zurück.

»Du bist ein verdammt schönes Weib, das muß man dir lassen«, sagte Janek. »Kein Wunder, daß dieser Deutsche verrückt spielt, weil du ihm weggelaufen bist.«

Ich wollte ihm antworten, daß es nicht so war, wie er es sich vorstellte, aber das würde ihn gewiß nicht überzeugen. »Laß mich in Ruhe, Janek.« Ich schubste ihn zurück. »Mir ist wirklich nicht nach Liebe zumute.«

»Das macht nichts, ich habe Lust für uns beide. Ich werde es dir schon besorgen.«

Ich stieß ihn wieder weg. »Janek, du bist ein anständiger Mann, du wolltest mir doch helfen.«

»Ja, ja, das werde ich auch tun. Aber ich bin verrückt

nach dir, und wir sind allein im Wald. Vergeude nicht deine Kräfte damit, dich gegen mich zu wehren. Ich bin sowieso stärker. So ein Stadtweib fehlt mir noch in meiner Sammlung. Du wirst zufrieden mit mir sein. Bis jetzt hat sich noch keine hinterher beklagt.«

Da packte mich die Wut der Hilflosigkeit, und ich verpaßte ihm eine kräftige Ohrfeige. Er ließ mich los und rieb sich die Wange.

»Du willst wirklich nicht?« sagte er erstaunt. »Ich wollte dich glücklich machen. Alle Mädchen im Dorf laufen mir nach, und eine, für die ich mein Leben riskiere, will mich nicht.« Er schaute mich noch einmal an, er schien jetzt Respekt vor mir zu haben.

»Komm, wir gehen weiter, mit dir ist es so einsam im Wald.«

Nach einer Weile kamen wir aus dem Dickicht heraus, und das Dorf lag vor uns. In Janeks Haus brannte kein Licht, seine Frau schlief bereits. Er brachte mich in die Scheune. »Hier kannst du heute nacht schlafen, morgen werden wir weitersehen.«

Er deckte mich mit seiner Jacke zu. Bevor er ging, fragte er mich noch einmal: »Willst du wirklich nicht?«

»Nein, danke.« Ich gähnte ihm ins Gesicht.

»Nichts für ungut«, verabschiedete er sich, »aber schade ist es doch.«

Ich wachte auf, als mir jemand Janeks Jacke wegriß. Er selbst stand über mir.

»Laß das!« zischte ich. »Ich werde so laut schreien, daß das ganze Dorf wach wird.«

»Du dummes Ding, ich will nichts von dir. Die Gestapo ist im Dorf, du mußt sofort verschwinden.«

»Um Gottes willen, wo soll ich denn hin mitten in der Nacht? Versteck mich bei dir!«

»Ich sag dir, verschwinde! Mein Kopf ist mir näher als

deiner. Sei froh, daß es noch dunkel ist, so hast du eine Chance zu entkommen. Nutze sie und geh schnell.«

Ich stand auf. »Ich danke dir, Janek, ich verstehe dich und bin dir nicht böse.«

»Ich pfeife auf deinen Dank. Hau ab, eh es zu spät ist.«

Vorsichtig verließ ich die Scheune. Ich war nun wieder auf mich allein gestellt. Einige Dorfhunde umkreisten mich, zerrten an meinem Rock und bellten mich an. Lichter gingen an, Stimmen wurden laut. Jemand rief die Hunde zurück. So schnell ich konnte, lief ich in den Wald. Als ich weit genug vom Dorf entfernt war, sank ich ins Gras.

Auf der parallel liegenden Straße fuhr ein Auto, das ich deutlich als Gestapofahrzeug erkennen konnte. Nein, hier war ich keineswegs sicher. Nach einer Weile erhob ich mich und glättete meinen Rock. Hinter mir war die Straße und vor mir der dunkle Wald mit Ungeziefer und Schlangen. Zum ersten Mal in meinem Leben besiegte ich meine Angst vor Schlangen. Die Angst vor den Menschen war größer. Ich drang immer tiefer in den Wald ein, meine Füße bluteten heftig, meine Beine wollten mich nicht mehr tragen, aber ich wagte nicht anzuhalten. Nur einmal legte ich mich kurz auf einen Heuhaufen, bis es dunkel wurde. Dann lief ich weiter, ohne zu wissen, wohin mich meine Füße trugen. Plötzlich betrat ich eine Lichtung. Ich stand vor Potworów. Das Haus der Borettis lag einen Steinwurf von mir entfernt. Meine Flucht war umsonst gewesen, ich war wieder am Ausgangspunkt angelangt. Nur hatte ich jetzt keine Kraft mehr weiterzumachen. Ich schleppte mich zum Haus der Borettis und sank ohnmächtig vor der Haustür zu Boden.

Ich wachte in einem Bett auf und wußte zunächst nicht, wo ich mich befand. Dann bemerkte ich Frau Boretti, die am Fenster stand. Im selben Augenblick ging die Tür auf, und Halina Boretti kam ins Zimmer.

»Bist du endlich wach?« lächelte sie.

»Wie fühlen Sie sich? Haben Sie Hunger?« fragte ihre Mutter. Sie umarmte mich, und ich kuschelte mich leise an sie.

»Es tut mir so leid, daß ich Sie alle in Gefahr gebracht habe, indem ich hier bei Ihnen aufgetaucht bin. Wenn der Gutsverwalter oder die Gestapo erfahren, daß ich hier bin, bekommen Sie große Schwierigkeiten. Das kann ich nicht zulassen, ich muß sofort wieder gehen.«

Ich wollte aufstehen, aber Frau Boretti hielt mich zurück.

»Bleiben Sie nur liegen, mein Kind. Die Front ist leider zum Stillstand gekommen, die Russen haben sich erst einmal zurückgezogen, und die Deutschen bleiben noch hier.«

Halina sagte: »Der Verwalter ist sehr unglücklich über das, was er dir in seiner Wut angetan hat. Er vermutet, daß wir in Verbindung sind. Er gab uns zu verstehen, daß ihm alles sehr leid tut. Allerdings kann er seine Behauptung nicht zurücknehmen, ohne das Gesicht zu verlieren und sich bei der Gestapo unmöglich zu machen. Man hat ihn sowieso auf den Kieker, es wird gemunkelt, daß er seinen Posten auf dem Landgut bald räumen muß.«

»Aber es ist doch eine Fangprämie auf meinen Kopf ausgesetzt, ich kann jederzeit erschossen werden ...«

Halina fiel mir ins Wort. »Beruhige dich, es ist alles arrangiert. Die Angestellte von der Dorfpost hat eine Schwester einige Dörfer weiter. Sie kommt heute abend mit einer Kutsche und nimmt dich mit.«

Eine Woche blieb ich bei meinen neuen Beschützern. Es war eine große und sehr gläubige Familie, wie man sie in

Polen auf dem Lande öfter antrifft. Morgens gingen wir in die Kirche und abends beteten wir zu Hause zum lieben Gott für das Ende des Krieges, und auch zu meinem Wohl wurde ein persönliches Gebet gesprochen.

Dann kam die Postangestellte aus Potworów vorbei. »Liebes Fräulein Zofia«, sagte sie zu mir und umarmte mich lachend, »Sie können wieder zurück. Der Administrator ist versetzt worden.«

Sie erklärte mir die neue Lage. Man hatte von Bulkow auf ein kleineres Landgut geschickt, weil man ihm krumme Geschäfte nachgewiesen hatte. Er soll Erzeugnisse des Gutes auf eigene Rechnung verkauft haben. Sein Nachfolger war schon eingetroffen, und Halina hatte ihn unterrichtet, welche Lügen Herr von Bulkow über mich verbreitet hatte. Da der neue Administrator Herrn von Bulkow kannte und mit ihm sehr verfeindet war, fiel es ihm nicht schwer, Halina zu glauben. Er kannte Halina aus der Zeit, als er drei Jahre zuvor das Landgut schon einmal geleitet hatte und sie damals Sekretärin dort war.

Frau Boretti empfing mich mit offenen Armen, wir haben gelacht, aber ich mußte auch immer wieder weinen.

»Hören Sie auf zu flennen«, sagte sie, »Sie können sofort wieder auf dem Gut als Köchin anfangen.«

»Ja«, fügte Halina hinzu, »der neue Verwalter sucht eine Küchenvorsteherin, und ich habe dich vorgeschlagen. Er ist verheiratet und hat zwei Kinder. Seine Frau darf sich in die Küchengeschäfte nicht einmischen, es ist ihr verboten worden, die Küche zu betreten. Er verprügelt sie ab und zu, damit sie nicht vergißt, wer der Herr im Hause ist, wie er sagt. Aber zu den Angestellten ist er sehr korrekt, man kann gut mit ihm auskommen.«

Ich schaute Halina ungläubig an. »Ich habe aber Angst vor der Gestapo.«

Halina winkte ab. »Die Gestapo weiß über Herrn von Bulkow Bescheid, es wird dir nichts passieren.«

Halina Boretti begleitete mich zu meinem Vorstellungsgespräch. Der neue Gutsverwalter war kurz angebunden. »Ich habe gehört, was dieses Schwein mit Ihnen gemacht hat. Es überrascht mich nicht, er ist eine Schande für das Deutsche Reich, und ein Dieb ist er obendrein. Sie können sofort anfangen.«

Ich bekam mein altes Zimmer zurück, und die Gendarmerie brachte mir meine Koffer. Die Mädchen in der Küche jubelten, als sie mich sahen. Nun warteten wir alle darauf, daß die Front wieder in Bewegung käme und die Deutschen sich aus Polen zurückzögen.

Immer mehr Gendarmen wurden auf dem Landgut stationiert, da die Angriffe der Untergrundarmee stark zugenommen hatten. Deshalb mußte ich eines Tages mein Zimmer räumen und mir eine Bleibe im Dorf suchen. Ich bezog eine kleine Stube bei einer Bauernfamilie. Jeden Morgen ging ich zur Arbeit aufs Gut und jeden Abend marschierte ich wieder zurück. Die Abende wurden noch einsamer und langweiliger als bisher. Andererseits war ich froh, ausspannen zu können, ohne damit rechnen zu müssen, überraschend in die Küche gerufen zu werden. Ich dachte an den Krieg und daran, daß ich unbedingt überleben wollte, an meine Familie und vor allem an meinen Vater. Ich hoffte noch immer, ihn wiederzusehen. Trotz aller Gerüchte konnte ich mir nicht vorstellen, was in den Vernichtungslagern geschah.

Ich hatte gerade die letzten Kartoffelpuffer gebraten. Endlich war die mühselige Arbeit vorbei. Für immer mehr Menschen mußte ich Essen machen, immer größer wurde die Zahl der hier einquartierten Soldaten. Kartoffelpuffer in so großer Menge zu machen, das grenzte an Folter. Ich band gerade meine Schürze ab, als Hauptmann Schäfer in die Küche kam.

»Guten Abend, Fräulein Sophie, Ihre Kartoffelpuffer sind erste Klasse. Haben Sie noch mehr für die Soldaten? Die sind nämlich noch sehr hungrig.«

»Es tut mir sehr leid, Herr Offizier, aber ich habe keine mehr. Die letzten, die Sie hier sehen, sind für das Personal bestimmt. Außerdem habe ich heute schon Unmengen von Kartoffelpuffern gemacht, das muß reichen.«

»Eben nicht, denn meine Soldaten haben noch Hunger.«

Ich zuckte mit den Schultern und wollte an ihm vorbei aus der Küche gehen. Er hielt mich zurück.

»Sie müssen noch welche braten, Fräulein Sophie.«

»Nein, das werde ich nicht tun«, sagte ich einigermaßen beherrscht.

»Doch, das werden Sie«, sagte er.

»Lassen Sie mich vorbei, ich habe genug für heute.« Meine Stimme war jetzt laut und schrill.

»Also gut, wie Sie wollen. Das hier ist ein Befehl«, sagte er kühl und ging aus der Küche. Mit Befehlen nahm es das Militär sehr genau, und die Deutschen duldeten es nicht, wenn die Polen ihre Befehle mißachteten. So zog ich wieder meine Schürze an und begann von neuem, die verfluchten Kartoffelpuffer zu braten. Ich war müde, aber vor allem war ich wütend, und die Tränen meiner Ohnmacht fielen in die Schüssel mit dem Teig.

Als ich endlich nach Hause gehen durfte, war es schon sehr spät. Draußen wartete Hauptmann Schäfer auf mich.

»Erlauben Sie, daß ich Sie nach Hause begleite?« Er setzte ein charmantes Lächeln auf.

»Nein, das erlaube ich nicht«, sagte ich so ruhig und so kühl wie ich konnte. ›Sklaventreiber‹, dachte ich dabei.

»Ich sehe schon, Sie sind mir böse, dabei habe ich nur meine Pflicht getan. Ich muß für meine Soldaten sorgen als ihr Vorgesetzter. Ihre Kartoffelpuffer waren vorzüglich, und so wollten sie eben noch mehr davon haben. Ist das so schlimm?«

»Versuchen Sie doch mal selbst, für so viele Menschen Puffer zu braten, dann werden Sie schon sehen, ob das schlimm ist.«

»Also, ich wußte wirklich nicht, daß es solche Mühe bereitet. Ich habe mich leider aufs Essen und nichts aufs Braten spezialisiert.«

»Das glaube ich Ihnen aufs Wort.«

Ich wollte gehen, aber er hielt mich sanft zurück.

»Können Sie mir trotzdem verzeihen?«

»Ich werde es versuchen, aber nun lassen Sie mich bitte gehen. Gute Nacht!«

Ich ging los, aber er begleitete mich wortlos. Am Haus meines Bauern angelangt, ging ich hinein, ohne weiter auf ihn zu achten.

Nach diesem Vorfall stand Hauptmann Schäfer jeden Abend vor der Küche bereit, mich nach Hause zu begleiten. Wir unterhielten uns über belanglose Dinge oder gingen schweigend nebeneinanderher.

Eines Abends fragte er mich: »Darf ich auf einen kurzen Kaffee zu Ihnen hinein?«

»Bedaure, aber ich empfange hier eigentlich keine Herrenbesuche, schon gar nicht, wenn es deutsche Soldaten sind. Das werden Sie doch verstehen, daß ich als Polin nichts mit der Gestapo zu tun haben will.«

»Ich bin aber nicht von der Gestapo, ich bin von der Feldgendarmerie und gehöre zur Waffen-SS.«

»Für mich macht das keinen Unterschied, Herr Offizier, auf solche Feinheiten verstehe ich mich nicht. Bitte lassen Sie mich in Ruhe und warten Sie abends nicht mehr auf mich.«

»Warum?« fragte er leise. »Weil ich Deutscher bin? Oder gefalle ich Ihnen nicht?«

»Es ist Ihre Uniform, die mich stört, Herr Offizier, die Uniform eines Feindes, eines Besatzers.«

Ich erschrak selbst über meine Worte, aber er drehte sich wortlos um und verschwand. Auf seine geliebte Uniform ließ er nichts kommen. Um so besser, dachte ich, so bin ich ihn endlich los, aber hoffentlich ist er nicht nachtragend.

Am nächsten Abend und an den Abenden darauf wartete er nicht mehr auf mich, und ich wußte plötzlich nicht mehr, ob ich mich darüber freute oder ob ich es bedauerte. Reiß dich zusammen, Zosia, sagte ich zu mir selbst, er ist ein Deutscher und damit tabu für dich.

Es war eine Woche später. Ich saß allein in meiner Stube, als es an die Tür klopfte. Ich reagierte nicht darauf, da ich keinen Besuch erwartete. Es klopfte noch einmal, die Tür ging auf, und Hauptmann Schäfer trat ein.

»Guten Abend! Ich hoffe, daß Sie mich jetzt nicht gleich hinauswerfen?«

Ich gab ihm keine Antwort, und er sprach weiter.

»Sagen Sie doch etwas! Sind Sie immer noch böse auf mich? Darf ich mich zu Ihnen setzen?«

Er wartete meine Antwort gar nicht ab und nahm auf einem Stuhl Platz.

»Warum belästigen Sie mich? Mein Leben ist kompliziert genug.«

»Sie gefallen mir, das ist doch wohl kein Verbrechen?«

»Nein, aber Sie, Herr Offizier, gefallen mir überhaupt nicht.«

»So, Sie haben inzwischen darüber nachgedacht, ob ich Ihnen gefallen könnte? Das ist doch ein Fortschritt, würde ich sagen. Aber Spaß beiseite, können wir nicht einfach ein wenig plaudern und dabei für einen Augenblick vergessen, wer wir sind? Ich habe Schnaps mitgebracht, haben Sie Gläser?«

»Sie sind ein Deutscher, Sie kommen auch ohne Einladung. Aber wenn Sie schon mal hier sind, will ich der polnischen Gastfreundschaft entsprechen. Trinken Sie also ein Glas von Ihrem Schnaps und gehen Sie wieder.«

Ich stellte ihm ein Glas hin, er goß es voll und reichte es mir.

»Nein, Herr Offizier, trinken müssen Sie es schon allein.«

»Auf Ihr Wohl, Fräulein Sophie.«

»Danke, Herr Offizier.«

»Ich heiße übrigens Jakob«, sagte er und trank das Glas in einem Zug leer.

»Ein biblischer Name«, sagte ich, »ein Name aus dem Alten Testament.« Er reagierte nicht darauf und goß sich ein weiteres Glas voll. Ich wußte, daß es keinen Zweck hatte zu protestieren. Seine nächsten Sätze brachte er nur stotternd hervor.

»Ich will nur sagen ... ich meine ... ich bin nicht an allem schuld, was Hitler tut. Ich wäre viel lieber zu Hause bei meiner Familie. Das können Sie mir glauben.«

»Sind Sie denn verheiratet?« Ich bedauerte meine Frage sofort.

»Ja, aber wir haben leider keine Kinder.« Sein Gesicht verfinsterte sich, und er trank ein drittes Glas Schnaps. »Meine Eltern leben auch noch. Ich habe mehrere Schwestern und Brüder, das heißt, ein Bruder ist in Rußland gefallen. Aber das wissen Sie ja schon. Ich habe mich übrigens nie bei Ihnen bedankt, daß Sie mir damals den Kaffee gebracht haben.«

Wenn du wüßtest, wie ich für meine Freundlichkeit büßen mußte, dachte ich, aber er sprach schon weiter.

»Haben Sie auch eine große Familie?«

»Nein, ich habe niemanden mehr. Die Deutschen haben meinen Vater ermordet.«

»Scheißkrieg!« sagte er und goß sich zum wiederholten

Male sein Glas voll. »Das tut mir sehr leid, das mit Ihrem Vater.«

»Sie sind doch selbst ein Deutscher, Herr Offizier.«

»Macht mich das schon zum Mörder?« Er schaute mich ernst an, und ich merkte, daß der Alkohol bei ihm zu wirken begann.

»Nein, Sophie, ich will keinen Krieg, und ich will auch niemanden umbringen.«

Tränen flossen aus seinen Augen. »Sie armes Mädchen, was müssen Sie durchmachen?«

Er beugte sich über mich. Ob er mich auch so bedauert hätte, wenn er gewußt hätte, daß ich Jüdin war?

Ich lag im Bett, und neben mir lag Hauptmann Schäfer. Ich küßte ihn, und er streichelte mich. Er hatte mir keine Gewalt angetan, mich nicht bedroht, ich war ganz freiwillig mit ihm ins Bett gestiegen. Ich war glücklich und haßte mich zugleich, suchte nach einer Erklärung.

»Was denkst du so angestrengt, Sophie?«

»Ich wollte das nicht. Wie konnte das passieren, Jakob?«

Jakob – dieser Deutsche hatte auch einen Vornamen, wie jeder andere Mensch, und das brachte mich zum Staunen. Ein Vorname wirkte auf einmal so menschlich. Ich fing an zu weinen.

»Sophie, hör auf, immer nur den Deutschen in mir zu sehen. Ich bin ein Mensch. Nicht alle Deutschen sind so, wie die Welt sie im Augenblick sieht. Die meisten sind unschuldig und können nichts dafür, was jetzt in ihrem Namen passiert.«

»Und warum tun sie nichts dagegen?«

»Wir werden nicht als Helden geboren. Das sind Fragen, die nach dem Ende des Krieges erörtert werden müssen. Auf der ganzen Welt gibt es gute und schlechte Menschen, in jedem Volk, bei jeder Religionsgruppe.«

»Gilt das auch für die Juden?« fragte ich ganz vorsichtig.

»Wieso fragst du mich so was?« Jakob war etwas erstaunt.

»Weil du ein Deutscher bist. Ihr Deutschen haßt die Juden und wollt sie alle vernichten.«

Er dachte nach. »Hassen tue ich die Juden nicht. Aber besonders sympathisch sind sie mir nicht. Nur würde ich deswegen keinen umbringen. Man könnte den Juden vielleicht ein neues Gebiet zuweisen, wo sie unter sich im eigenen Land leben könnten.«

Ich mußte mich zusammenreißen, um ihm nicht ins Gesicht zu schreien: Ich gehöre selbst zu diesen Juden, die deiner Meinung nach unter sich bleiben sollten. Vielleicht liebte mich dieser Mann, aber war seine Liebe auch groß genug, um ihm meine Herkunft anzuvertrauen? Die Frage ›Hättest du auch etwas getan, um einen Juden zu retten?‹ erstarb auf meinen Lippen. Es wurde ganz still in dem Bett, in dem der deutsche Hauptmann neben der untergetauchten Jüdin lag. Ich brachte kein Wort heraus, und Jakob fühlte, daß es im Augenblick besser war zu schweigen.

Das Leben ging weiter. Ich war nicht mehr so allein, und das vertrieb die Kälte aus meinem Herzen, die dort seit dem Abtransport meines Vaters aus dem Krakauer Ghetto geherrscht hatte. Ich lernte, Jakob zu vertrauen, mit einer Einschränkung: meine Herkunft verschwieg ich ihm immer noch. So war ich zwar nicht mehr ganz allein, dafür aber um ein brennendes Problem reicher. Ich konnte diese Liebe zwischen dem Deutschen und der Jüdin nicht akzeptieren. Und doch konnte ich gegen sie nichts unternehmen.

Jakob war zwei Jahre jünger als ich. Unsere Beziehung blieb geheim, niemand bemerkte etwas. Es war uns bewußt, in welche Gefahr wir uns begaben. Nach deutscher Interpretation war das ›Blutschande‹, aber die ›Schande‹ dieser Beziehung empfand ich. Und ich fragte mich, ob ich überhaupt ein Recht hatte, auf dieser Insel der Geborgenheit zu leben.

Jakob litt unter schwerem Asthma. Man schickte ihn auf Heimaturlaub, und er hätte aufgrund seiner Krankheit wohl bei seiner Familie bleiben können, aber er zog es vor zurückzukommen, auf das Landgut, zu mir.

Unsere Beziehung wurde immer inniger. Jakob traf ich nur spätabends. Am Tag begleitete mich oft seine treue Schäferhündin Mädi, die verhältnismäßig kleinwüchsig geblieben war. Wenn Jakob einmal seine Hündin vermißte, suchte er sie zuerst bei mir. In der Tat fand er sie meistens unter meinem Bett.

Einmal besuchte ich die Borettis und kam erst sehr spät zurück. Auf dem Weg durch das menschenleere Dorf wurde ich plötzlich von einer Meute Hunde umzingelt, die knurrend einen immer engeren Kreis um mich schlossen. Ich rief um Hilfe, aber niemand rührte sich. Da erschien plötzlich meine Freundin Mädi, fletschte die Zähne, drängte die Angreifer weg und begleitete mich bis zu meiner Tür.

Ich nahm Mädi auf meine Stube mit, streichelte sie und flüsterte ihr ins Ohr: »Hat man so was schon gesehen? Der Hund eines deutschen Hauptmanns verteidigt eine Jüdin?«

Am Ende des Krieges, als die Deutschen endlich abzogen und die Russen einmarschierten, habe ich im allgemeinen Chaos nicht daran gedacht, die treue Hündin nach Krakau mitzunehmen. Noch heute tut es mir leid, sie im Stich gelassen zu haben.

Bald erhielt Jakob die Nachricht, daß auch ein zweiter Bruder gefallen war. Wieder betrank er sich. Er saß mit einem Offizierskameraden auf seiner Stube, beide tranken und tobten und schimpften laut auf den Krieg, während ihre Pistolen schußbereit auf dem Tisch lagen. Als ich davon hörte, bekam ich Angst, daß ihm solche Vorfälle einmal schaden könnten. Ja – ich hatte Angst um diesen deutschen Hauptmann.

Dann kam ein Dutzend junger Männer in schlotternden schwarzen Uniformen auf das Landgut, höchstens sechzehn Jahre alt. Als sie nach zwei Tagen weiter an die Front geschickt wurden, schrien und weinten sie: Wir wollen leben, wir wollen nicht an die Front!

Man hat sie förmlich auf die Lastwagen tragen müssen. Ihrem Schicksal entgingen sie nicht.

Wir lagen zusammen im Bett und träumten vom Ende des Krieges. Es würde einen neuen Anfang für die Welt bedeuten, aber auch das Ende unserer Beziehung. Ich würde wieder nach Krakau gehen und darauf warten, ob vielleicht doch jemand aus unserer Familie überlebt hätte, vielleicht würde ich auch wieder Theater spielen. Und doch würde nichts so sein wie vor dem Krieg, das wußte ich genau. Jakob würde nach Deutschland zurückkehren und weiter mit seiner Familie leben. Was zwischen uns war, würde ausgelöscht werden, als ob es nie existiert hätte. Nur gab es da ein Problem ...

»Jakob, ich muß dir etwas sagen.«

»Ich höre, mein Schatz, was gibt es denn?«

»Es ist nicht so leicht ... mir fehlen die richtigen Worte ...«

»Nur zu, Sophie, es kann doch nicht so schlimm sein.«

»Also gut, man kann es auch so sagen: ich bin schwanger.«

Jakob sprang hoch. »Das ist wunderbar! Eine schönere Nachricht konnte es gar nicht geben.« Er lachte glücklich. »Bist du auch sicher?«

Ich nickte mit dem Kopf. »Irrtum ausgeschlossen«, sagte ich ziemlich niedergeschlagen.

»Freu dich doch, so wie ich mich freue. Ein Kind habe ich mir schon immer gewünscht. Meine Frau kann keine Kinder bekommen und ich dachte, daß ich niemals Vater werde.«

»Ja«, unterbrach ich seine Überlegung, »das ist das erste, was mich stört. Du bist verheiratet, du liebst deine Frau und willst ihr auch nicht weh tun.«

»Nein, das hat sie nicht verdient, aber das heißt doch nicht, daß ich uns beiden weh tun muß. Ich liebe dich ganz anders, als ich meine Frau liebe. Ein Leben ohne dich kann ich mir schon gar nicht vorstellen.«

Ich schüttelte den Kopf. »Bist du da nicht ein wenig leichtfertig, Jakob? Ich fürchte, du willst zwei Dinge unter eine Decke bringen, die sich nicht vereinbaren lassen.«

Jakob war nicht zu bremsen. »Aber nein, du ziehst mit dem Kind in unsere Nähe, und ich werde mich allen widmen, und es wird wunderbar sein!«

»Nein, so wirst du deine Frau, dein Kind und auch mich unglücklich machen.«

Er schaute mich ungläubig an. »Dann werde ich mich eben scheiden lassen, wenn du das willst.«

»Nein, das will ich auch nicht, ich möchte nicht meine Zukunft auf dem Unglück deiner Frau aufbauen. Außerdem haben wir noch Krieg, und unsere Liebe paßt nicht in diese Zeit, in der wir nun einmal leben. Wir wissen zu wenig voneinander. Ich liebe dich, und du sagst, daß auch du mich liebst. Aber werden diese Gefühle den Krieg überdauern? Verstehe mich nicht falsch, Jakob, es ist sehr schwer für mich, die richtigen Worte für das zu finden, was in mir vorgeht.«

Jakob schaute sehr traurig drein. »Ich verstehe dich, Sophie. Es soll ausschließlich deine Entscheidung sein, ob du das Kind zur Welt bringst, ganz unabhängig von meinen Wünschen.«

»Ich danke dir, Jakob, auch wenn das die Entscheidung nicht gerade leichter macht.«

Jedesmal, wenn ich schwanger wurde, verschwörten sich die Umstände gegen mich, das schien mein Schicksal zu sein. Wie sollte ich dagegen ankämpfen?

Jakob nahm mich zärtlich in die Arme. »Jetzt ist es genug. Egal, wie du dich entscheidest, du kannst immer auf mich zählen ...«

Ich habe das Kind behalten, und je mehr ich darüber nachdachte, desto klarer wurde mir, daß es für mich eigentlich nie zur Debatte stand, dieses Kind abzutreiben. Mein Entschluß stand schon am Anfang fest, ich brauchte nur einige Zeit, dies zu erkennen. Und doch war es verrückt, daß ich mich in meiner Situation darauf einließ: eine verfolgte, untergetauchte Jüdin mit ungewissen Chancen auf das Überleben bekommt ein Kind von einem verheirateten Mann, einem Deutschen, einem Hauptmann der Waffen-SS.

Hitlers Knechte hatten mich bisher übersehen, nur deshalb lebte ich noch. Die Front geriet wieder in Bewegung, meine Verfolger waren zunehmend mit sich selbst beschäftigt. Nur nicht leichtsinnig werden, dachte ich, auf der Hut bleiben. Schließlich bin ich jetzt für zwei Leben verantwortlich. Meine Chancen standen nicht schlecht, aber, wie der Titel eines Buches sagt, das ich als Kind gelesen hatte: zwischen den Lippen und dem Rand des Glases kann noch so viel passieren.

Die Angst vor den Nazis saß noch tief genug, auch wenn ein baldiges Ende abzusehen war. Hinzu kam die Angst vor den Russen. Sie kamen als Befreier, aber konnte man ihnen wirklich trauen? Viele Leute suchten erst einmal ein sicheres Versteck, um abzuwarten, was die Zukunft bringen würde. Zu groß war die Gefahr, zwischen den Fronten aufgerieben zu werden.

Auch die Borettis suchten sich ein stilles Plätzchen auf einem Bauernhof, der tief im Wald versteckt war. Halina Boretti kam zu mir und drängte mich, so schnell wie möglich zu ihnen zu stoßen. Ich war hin und her gerissen, konnte mich nicht entscheiden. Dann aber erhielt Jakob den Marschbefehl, er und seine Leute sollten gleich am nächsten Tag ausrücken. Die letzten Reserven wurden an die russische Front befördert.

In der Nähe unseres Gutes fielen Bomben, sie kündigten das Ende des Krieges an, konnten aber auch uns töten, die wir auf die Befreiung warteten.

Es war an der Zeit, an mich und das Kind zu denken. Ich packte einen Koffer und machte mich auf den Weg. Da fiel mir ein, daß ich mich gar nicht von Jakob verabschiedet hatte. Helenka, mein Küchenmädchen, wohnte in einem der ersten Häuser im Dorf. Ich klopfte bei ihr an, sie ließ mich hinein und ich bat sie, zu Jakob zu gehen und ihm Bescheid zu sagen, wo ich in der nächsten Stunde zu finden sei. Das treue Mädchen stellte keine Fragen und zögerte nicht, meiner Bitte nachzukommen.

Ich saß in Helenkas Stube und dachte darüber nach, daß ich den Vater meines Kindes vielleicht nie wiedersehen würde. Helenka kam zurück und brachte die Nachricht mit, die deutschen Linien seien von den Russen überrannt worden. Jakob hatte sie dennoch gefunden und ihm auch meine Nachricht überbracht. Er war unabkömmlich, wollte jedoch zu mir kommen, sobald es ging – wenn die Russen ihm noch die Zeit ließen.

Ich saß da, bis es dunkel wurde, hatte die Hoffnung bereits aufgegeben, als er plötzlich doch erschien.

»Es tut mir leid, daß es so lange gedauert hat«, sagte er. »Meine Leute ziehen schon ab, der Marschbefehl wurde vorverlegt, aber ich konnte nicht weg, ohne dich noch einmal zu sehen. Wenn das rauskommt, werde ich vor das Kriegsgericht gestellt und erschossen. Deshalb muß ich ganz schnell wieder zurück zu meinen Leuten.«

Ich erzählte ihm von dem Versteck bei den Borettis, und er hielt es auch für die beste Lösung.

»Warte hier«, sagte er und verschwand. Nach einer Weile tauchte er wieder auf. »Ich konnte einen Pferdewagen organisieren, aber der Bauer hat viel zuviel Angst, so mußt du mit mir als Kutscher vorliebnehmen.«

Wir fuhren schweigend durch den Wald und lauschten den nicht allzu weit entfernten Detonationen. Für einen Augenblick war es so, als wären wir gemeinsam auf der Flucht. Jakob nahm meine Hand und küßte sie.

»Komm gesund nach Krakau. Dorthin wolltest du doch, wenn der Krieg vorbei ist. Ich hoffe, daß du glücklich wirst und trotzdem manchmal an mich denkst.«

»Aber Jakob ...« Ich hatte Tränen in den Augen.

»Laß nur, Sophie, meine Karten sind äußerst schlecht. Ich fühle, daß ich nicht überleben werde. Und ich habe es auch nicht verdient.«

Ich schaute ihn fassungslos an, ich verstand nicht, was er meinte.

»Es gibt etwas, was mir schwer auf der Seele liegt, Sophie. Vor einem halben Jahr, als ich die Nachricht erhielt, daß mein Bruder gefallen war, habe ich mich bis zur Besinnungslosigkeit betrunken, ich wußte nicht mehr, was ich tat. Ich zog meinen Revolver und ballerte sinnlos in die Gegend. Ein Querschläger traf einen polnischen Bauernjungen und tötete ihn. Mit meinem Vorgesetzten bekam ich deswegen keine Schwierigkeiten, ein polnisches Leben zählt nicht viel. Aber ich selbst konnte den Vorfall nicht verwinden. Gerade ich, der ich immer ein Kind gewollt hatte, habe ein Kind getötet. Ich weiß, daß ich dafür bezahlen muß, auch wenn ich jetzt selbst ein Kind gezeugt habe.«

»Ich habe es gewußt, Jakob,« sagte ich.

»Du hast es gewußt und hast trotzdem ...«

Er hatte seine Augen stur nach vorne gerichtet, aber seine Hände verkrampften sich um die lockeren Zügel. Die Detonationen in der Ferne wurden jetzt besonders heftig.

Wir schwiegen eine Weile, dann sagte ich: »Jakob, du mußt überleben. Es ist genug gestorben worden. Du wirst auch einen anderen Weg finden, dafür zu büßen.«

Er winkte ab. »Sophie, ich habe dir meine Adresse in Deutschland nicht aufgeschrieben, weil es dir schaden könnte, wenn man dich durchsucht und dabei diesen Zettel findet. Ich sage sie dir jetzt, und du mußt versuchen, sie zu behalten. Schreibe meinen Leuten und sage ihnen ein Lebewohl von mir. Sie werden dir und dem Kind helfen, vor allem meine jüngste Schwester, hörst du, sie wird alles für euch tun, was in ihrer Macht steht, das weiß ich. Sie wohnen in einem schönen Dorf mit einer alten Mühle – wenn die noch steht.«

Er hielt die Kutsche an.

»Den Rest des Weges mußt du allein schaffen. Es wäre nicht gut, wenn du jetzt noch in Begleitung eines deutschen Hauptmanns gesehen wirst.«

Er küßte mich. »Vergiß mich nicht und denk immer daran, daß es dem Kind nie an etwas fehlen darf.«

Der Vater wird ihm immer fehlen, dachte ich, während ich auf dem schmalen Pfad zum Bauernhaus ging. Er schaute mir noch eine Weile nach, dann drehte er die Kutsche um und fuhr davon. So habe ich Jakob in Erinnerung behalten: auf einer Kutsche hinter Bäumen verschwindend.

Die Borettis empfingen mich freudig. »Sie kommen wirklich im letzten Augenblick, Zofia«, sagte die alte Frau Boretti. »Ich hoffe, daß wir hier vor den Deutschen, aber auch vor den Russen sicher sind, bis sich das Ganze etwas beruhigt hat.«

Außer mir und den Borettis waren noch fünf andere Personen aus dem Dorf da und natürlich der Bauer mit seiner Familie. Wir beschlossen, uns hinzulegen. Trotz der immer näher kommenden Detonationen schlief ich ein.

Um fünf Uhr morgens weckte mich Stefan Boretti. »Die Russen kommen!«

Wir liefen zum Fenster, aber es war nichts zu sehen.

»Um Gottes willen, meine Wäsche hängt noch auf der Leine!« Frau Boretti war sehr besorgt. »Die Soldaten werden sie mir ruinieren.« Ich fand die Ungewißheit am Fenster unerträglich, außerdem fühlte ich, daß ich Frau Boretti gegenüber eine große Dankesschuld hatte.

»Ich werde die Wäsche holen«, sagte ich und lief hinaus, bevor mich jemand zurückhalten konnte.

»Bleib hier, du bist verrückt!« schrie eine Stimme hinter mir.

Draußen sah ich zwei Lastwagen mit deutschen Soldaten heranfahren. Die Laster kamen nicht weit aus dem Wald heraus. Auf beiden Seiten des Pfades tauchten russische Soldaten auf und eröffneten sofort das Feuer. Die Deutschen schossen zurück. Die Kugeln flogen mir nur so um die Ohren, ich ließ mich auf den Boden fallen und kroch schnell ins Haus zurück.

»Das hätte uns noch gefehlt, daß Sie im letzten Moment draufgehen!« Die alte Frau Boretti war aufgebracht. »Wie konnten Sie nur rausgehen?«

Stefan und Halina halfen mir wieder auf die Beine. Ich versuchte, in Deckung zu bleiben und trotzdem etwas durch das Fenster zu erkennen. Die Deutschen näherten sich gerade mit erhobenen Händen und blieben unweit des Hauses stehen. Die Russen gingen aber kein Risiko ein und schossen so lange, bis der letzte deutsche Soldat von ihren Kugeln niedergestreckt war.

Dann sprang die Tür auf und mindestens zehn bewaffnete russische Soldaten drangen in das Haus ein. Sie richteten ihre Gewehre auf uns.

»Die Deutschen sind zu euch gefahren und wollten sich hier verstecken. Ihr seid Spione, Kollaborateure!«

Zum Glück sprach Frau Boretti genug Russisch, um dagegenzuhalten.

»Aber nein, wir sind keine Spione, wir sind nur verängstigte polnische Bürger. Wir wissen, was wir der Roten Armee schulden.«

Ein älterer Offizier kam nach vorne und fragte, was wir denn alle hier machen würden.

»Wir wollten uns vor den abziehenden Deutschen verstecken«, antwortete Frau Boretti.

»Ja, die Deutschen fliehen, und ihr seid frei. Das hat die Rote Armee geschafft. – Wo ist der Bauer dieses Hofs?«

»Ich weiß es nicht«, antwortete Frau Boretti. »Eben war er noch hier, aber vielleicht ist er im Stall oder in der Küche.«

Der Offizier zögerte einen Moment, dann küßte er Frau Boretti die Hand. Uns winkte er zu. »Ihr seid frei! Hitler kaputt!« Er ließ uns allein, und wir versuchten zu begreifen, daß für uns der Krieg wirklich vorbei war.

Der Bauer kam zurück. Er war sehr wütend. »Die Russen haben mir die besten Schweine weggenommen und sind weitergezogen. Sie erzählten, daß Warschau frei ist.«

»Das ist schön«, sagte Frau Boretti, »auch wenn fast nur Ruinen geblieben sind. Wegen der Schweine machen Sie sich keine Sorgen. Seien Sie froh, daß die Soldaten nicht mehr mitgenommen haben. Sie wollen auch etwas essen, und sie haben es verdient. Ich gebe Ihnen etwas Geld, das wird Sie für den Verlust entschädigen. Haben Sie vielen Dank, daß Sie uns bei sich aufgenommen haben. Wir werden jetzt versuchen, so schnell wie möglich nach Warschau zu gelangen.«

Der schweigsame Herr Boretti hielt fast eine Rede: »Die Deutschen haben unsere Hauptstadt dem Erdboden gleichgemacht, aber dort ist unsere Heimat. Wohin soll der Mensch sonst, wenn der Krieg zu Ende ist, wenn nicht in seine Heimat?«

Dann wandte er sich an den Bauern. »Besorgen Sie uns bitte einen Karren, auf den wir unsere Koffer laden können.«

Der Bauer zuckte mit den Schultern. »Woher nehmen und nicht stehlen?«

Herr Boretti steckte ihm etwas Geld zu, und als wir nach draußen kamen, stand ein klappriger Holzkarren vor der Tür. Wir luden unsere Koffer auf und schoben sie gemeinsam nach Potworów. Unterwegs sahen wir überall tote Soldaten liegen. Wir gingen stumm vorbei, sehr darum bemüht, uns so schnell wie möglich dem Schrecken zu entziehen. Die hier so früh ihr Leben lassen mußten, waren gewiß nicht für den Krieg und alle Greueltaten verantwortlich, waren selbst Opfer.

Schließlich hielten wir vor Helenkas Haus. Sie kam sofort heraus und umarmte mich. »Endlich ist es vorbei!«

»Kann ich für kurze Zeit bei dir unterkommen?« fragte ich.

Sie nahm meinen Koffer und trug ihn hinein, während ich mich von den Borettis verabschiedete.

»Ich danke euch für eure Freundschaft und eure Hilfe. Ich weiß nicht, was ohne euch aus mir geworden wäre. Ich hoffe, daß sich unsere Wege noch einmal kreuzen und daß der Anlaß dafür ein freudiger sein wird.«

»Was wirst du jetzt anfangen?« fragte Halina.

»Ich werde bei der ersten Gelegenheit nach Krakau zurückkehren. Das wird nicht leicht sein. Ich habe alles verloren. Ich muß erst einmal abwarten, ob jemand aus meiner Familie überlebt hat. Vielleicht kann ich wieder Theater spielen. Denn als Köchin arbeite ich nicht noch einmal. Auf jeden Fall könnt ihr beim Stadttheater immer erfahren, wo ich zu erreichen bin. Alles Gute und auf Wiedersehen!«

Lange schaute ich der kleinen Gruppe mit dem Holzkarren nach, sie wurde immer kleiner und verschwand schließlich in der Ferne.

Helenka bot mir etwas zu essen an. Vor lauter Aufregung hatte ich an diesem Tag noch nichts zu mir genommen, aber ich verspürte auch keinen Hunger.

»Danke, Helenka, ich kann nichts essen, das einzige, was ich möchte, ist, so schnell wie möglich nach Krakau zu kommen.«

»Aber wie wollen Sie denn dahin kommen?« fragte sie skeptisch.

»Es fahren so viele russische Laster in der Gegend herum, vielleicht kann mich einer mitnehmen. Kannst du mir eine Flasche Wodka verkaufen? Die kann ich als Fahrkarte nach Hause gebrauchen, vielleicht nimmt mich dann jemand mit.«

»Das ist eine gute Idee«, sagte Helenka. »In Vaters Schrank habe ich eine Flasche gesehen, ich schaue mal nach.«

»Warte noch einen Augenblick, Helenka. Weißt du, was mit den Deutschen vom Landgut passiert ist?«

»Sie sind alle erschossen worden. Ich sah sie auf dem Hof liegen und habe mir jeden einzelnen angeschaut.« Sie schaute mich verlegen an. »Ihnen kann ich es ja sagen. Es waren Besatzer, unsere Feinde, aber bei diesem

Anblick habe ich keine Freude empfinden können. Ist das schlimm?«

»Nein, Helenka, es waren doch schließlich Menschen, mit denen wir eine Zeitlang in einer Gemeinschaft gelebt haben. – Hast du auch Hauptmann Schäfer dort gesehen?«

Sie überlegte kurz. »Nein, er war nicht dabei.«

Sie ging hinaus, um die Flasche Schnaps zu holen. Vielleicht hat es Jakob das Leben gerettet, daß er mich mit der Kutsche zum Bauernhof gebracht hat, dachte ich, vielleicht hat er dadurch Zeit gehabt, unbemerkt zu entkommen, vielleicht wird er mich noch überleben.

Bald stand ich am Straßenrand mit einem Koffer neben mir und einer Flasche Wodka in der Hand. Unermüdlich winkte ich jedem Laster, der vorüberfuhr, aber keiner blieb stehen. Fast hatte ich schon die Hoffnung aufgegeben, als ich Bremsen quietschen hörte.

»Kuda?« fragte mich der am Steuer sitzende russische Soldat.

Soviel Russisch verstand ich, um zu wissen, daß es ›Wohin?‹ bedeutete. »Radom«, sagte ich, und er nickte mit dem Kopf. Helenka half mir hinein und reichte den Koffer hinterher.

»Ich habe dir noch nicht den Schnaps bezahlt!«

Sie lachte nur. »Nein, bitte kein Geld, es ist ein Abschiedsgeschenk. Sie waren immer so gut zu uns Küchenmädchen.«

»Ich danke dir, Helenka, und lebe wohl!«

Sie winkte noch, als der Wagen um die Ecke bog.

Die Fahrt nach Radom dauerte ungewöhnlich lange, aber endlich hielt der Laster auf dem Marktplatz. Er war von Fahrzeugen aller Art überfüllt. Ich bedankte mich und stieg aus. Es wimmelte von russischen Soldaten. An einer Ecke sah ich plötzlich auch polnische Uniformen. Es war schon so lange her, seit ich den polnischen Adler das letzte Mal gesehen hatte. Vor dem Krieg war er das Symbol des Staates, in dem ich lebte, jetzt war er auch das Symbol dafür, daß der Krieg endlich zu Ende war.

»Wohin fahrt ihr?« fragte ich auf polnisch.

»Nach Krakau«, antwortete einer der Soldaten.

»Kann ich mitfahren?«

»Aber sicher, steigen Sie ein, meine Dame!« rief mir mein Landsmann zu.

Der Wagen fuhr schon an. Ich warf meinen Koffer hinein und versuchte, auf den Laster aufzuspringen. Hilfreiche Soldatenhände zogen mich auf die Ladefläche. Um Gottes willen, du bist doch schwanger, schoß mir durch den Kopf, hoffentlich schaden diese Eskapaden dem Baby nicht.

Ich fand einen Platz mitten unter den Soldaten. Es waren Polen und Russen. Ich war überglücklich, endlich ging es nach Krakau! Wir waren viele Stunden unterwegs, und nun quälte mich doch der Hunger. Ich sah zu, wie die Soldaten ihren Proviant verzehrten und konnte meine Augen nicht von ihnen abwenden. Ich traute mich jedoch nicht, sie um etwas zu bitten.

»Chotschesch?« Ein großer Russe schaute mich lächelnd an. (›Willst du?‹) Er hielt mir ein Stück Brot hin. Ich nahm es dankbar an und aß es mit einem Gefühl, als wäre ich gerade dem Hungertod entronnen. Es war sicher das werdende Leben in mir, das mich so intensiv empfinden ließ. Später gab mir der Russe noch ein Stückchen Schokolade.

Ein polnischer Offizier, der neben mir saß, fragte noch, wo ich denn aussteigen wollte. Ich schaute hinaus und erkannte die Marienkirche und die Tuchhallen. Wir waren schon mitten in Krakau.

»Ich würde gern hier im Zentrum aussteigen«, sagte ich mit Tränen in den Augen. Es rührte mich, meine Heimatstadt wiederzusehen. Im Gegensatz zu Warschau schien sie nicht zerstört worden zu sein. Aber was war mit den Einwohnern geschehen? Wen würde ich noch lebend antreffen?

Der polnische Offizier versuchte, sich beim Fahrer bemerkbar zu machen, aber das Auto fuhr immer weiter, und ich befürchtete schon, Krakau mit den Soldaten wieder zu verlassen. Erst an der Weichsel, an der großen Volksfestwiese *Błonie,* blieb er stehen. Ich sprang sofort herunter. Gott, laß mein Kind gesund zur Welt kommen, betete ich wortlos. Die Soldaten reichten mir den Koffer herunter, und der Lastwagen fuhr weiter.

Ich stand allein da und wußte nicht, wie ich wieder mit dem schweren Koffer in die Stadt kommen sollte. Es war bereits spät, und vom Himmel fielen die ersten Schneeflocken. Ich setzte mich auf meinen Koffer und wartete auf ein Wunder. Nach einer halben Stunde sah ich jemanden näherkommen und atmete auf, als ich merkte, daß es eine Frau war.

»Um Gottes willen, was tun Sie denn hier um diese Zeit?« Die Frau war entsetzt. »Es ist bald Sperrstunde.«

»Sperrstunde? Der Krieg ist doch vorbei.«

»Ja, aber die Sperrstunde wird vorerst beibehalten. Es ist auch nicht ganz ungefährlich, sich abends auf den Straßen aufzuhalten. Wo kommen Sie denn her?«

»Ich komme aus Radom, ich will zu meiner Tante, aber sie wohnt am anderen Ende der Stadt. Alleine schaffe ich es nicht so weit.«

»Sind Sie schwanger?«

Ich nickte.

»Kommen Sie mit, diese Nacht können Sie bei mir bleiben.«

»Das ist sehr freundlich von Ihnen, aber haben Sie keine Angst, einen wildfremden Menschen in Ihrer Wohnung aufzunehmen?«

Sie lachte. »So gefährlich sehen Sie nicht aus! Außerdem ist meine Angstschwelle durch den Krieg ziemlich nach oben gewandert.«

Wir mußten nicht sehr weit gehen, den Koffer trugen wir zu zweit. In der kleinen Zweizimmerwohnung war es gemütlich und warm, und nachdem ich meinen Hunger gestillt hatte, legte ich mich sofort schlafen. Meine neue Bekannte hatte mir ihr eigenes Bett zugewiesen und sich selbst auf das Sofa im Wohnzimmer gelegt. »Sie sind ja zu zweit!« hatte sie argumentiert.

Am nächsten Morgen bekam ich einen starken Kaffee und eine Scheibe Brot zum Frühstück.

»Leider habe ich keine Butter, geschweige denn Wurst oder Käse«, bedauerte meine Gastgeberin. »Es ist sehr schwer, etwas Eßbares zu ergattern, alles ist rationiert, und es dauert wahrscheinlich noch eine ganze Weile, bis die Versorgung wieder normal ist.«

»Ich danke Ihnen, daß Sie mich bei sich aufgenommen haben und Ihr bißchen Essen mit mir teilen. Ohne Sie würde ich wahrscheinlich noch immer an der Straße sitzen und warten.«

Sie lachte. »Ich werde beim Hausmeister vorbeischauen, vielleicht kann er Sie zu Ihrer Tante begleiten.«

Der Hausmeister kam mit einem kleinen Handwagen, auf dem wir meinen Koffer befestigten. Wir gingen durch die Straßen, und meine Aufregung wuchs mit jedem Schritt. Die Umgebung war mir vertraut, jede Ecke erinnerte mich an meine Vergangenheit, jeder Winkel führte mir die Zeit vor Augen, in denen ich hier so glücklich war, aber auch Momente, in denen ich mich sehr unglücklich gefühlt hatte, waren auf einmal teure Erinnerungen aus einer Zeit, die unwiederbringlich verloren war.

Wir gingen über den großen Marktplatz und an der Marienkirche vorbei. Die alten Tuchhallen schienen mich freudig zu begrüßen: schön, daß du wieder da bist,

Krakauer Mädchen – Krakauer Frau und bald auch Mutter, entgegnete ich stumm. Wir gingen durch die Karmelicka-Straße, die zum Krakauer Park führt. Die Erinnerungen drängten sich immer stärker auf. Hier war ich so oft mit meinen Eltern spazierengegangen, dort hatte ich fast täglich Großmutter besucht, dort traf ich mich zum ersten Mal mit Wiktor. Wo waren sie jetzt alle, Papa, Zuzia, Wiktor, Olek und all die andern …

Ich läutete schon zum dritten Mal, aber niemand öffnete. Schließlich ging ein Fenster im Erdgeschoß auf.

»Zu wem möchten Sie denn?« fragte eine alte Frau.

»Zu Frau Kordacka, ich bin ihre Nichte.«

»Frau Kordacka wohnt nicht mehr hier.«

Mein Herz klopfte wie verrückt. Dies war die letzte Adresse, die eine Verbindung zu meiner Vergangenheit herzustellen versprach. Die Tante, eine Katholikin, war mit meinem Onkel Maciek verheiratet, dem Bruder meiner Mutter, einem sehr einfallsreichen und mutigen Mann, dem es immer wieder gelungen war, die deutsche Besatzungsmacht an der Nase herumzuführen. Eines Tages wurde er als Jude denunziert und zur Gestapo zitiert. Die hervorragenden falschen Papiere, die ihn als Christen auswiesen, reichten der Gestapo nicht. Sie verlangten, daß er seine Hose runterließ, damit man sein Geschlechtsteil kontrollieren konnte. Die Entdeckung, daß er beschnitten war, hätte Lager und Tod bedeuten können. Onkel Maciek zog seine Hosen runter und streckte den Beamten seinen Hintern entgegen.

»Mehr bekommt ihr nicht zu sehen«, sagte er frech, »hier sind Damen anwesend, und ich weiß, was sich gehört.«

Ein Beamter gab ihm einen Klaps auf den Hintern und sagte: »Immer zu Späßen aufgelegt, Herr Kordacki, was? Na, ziehen Sie ihre Hosen wieder an.«

Dieser Scherz hatte vorerst sein Leben gerettet. Aber vielleicht war Maciek Kordacki, der eigentlich Kohn hieß, gar nicht so kaltblütig, wie er tat. Noch während des Krieges versagte sein Herz, und er starb in Warschau, wo er sich zuletzt versteckt hatte. Seine Frau Janina war nun meine letzte Hoffnung auf ein warmes Plätzchen zum Übernachten und vor allem als Nachrichtenquelle über den Verbleib meiner Familie.

Noch ehe die alte Frau das Fenster schloß, fragte ich sie: »Wissen Sie denn, wohin Frau Kordacka gezogen ist?«

Sie schaute mich mißtrauisch an. »Ich weiß nicht, ob ich Ihnen die Adresse geben soll, ich kenne Sie ja gar nicht.«

Ich wußte nicht, was ich darauf entgegnen sollte, und der Hausmeister bewegte den Handkarren ungeduldig.

»Bitte!« sagte ich flehend. »Bitte!«

»Schon gut.« Die Alte schien beschwichtigt zu sein. »Jetzt nach dem Krieg werden Millionen Menschen nach ihren Angehörigen suchen, viele vergeblich. Hoffentlich haben Sie Glück.«

Sie nannte mir die Adresse, und es gelang mir, den Hausmeister zu überzeugen, mich dorthin zu begleiten. Ich hatte wirklich Glück, denn erstens war der gute Mensch bereit, mir zu helfen, und zweitens war Tante Janina wirklich zu Hause und empfing mich herzlich.

»Wie schön, dich zu sehen, Zosia! Du lebst!«

Ich gab ihr einen Kuß und bat sie, mir etwas Geld zu leihen, damit ich den Hausmeister bezahlen konnte. Der winkte aber ab und sagte: »Sie haben mir heute morgen schon etwas gegeben, das war genug.« Er verabschiedete sich und ging.

Die Tante gab mir etwas zu essen und entschuldigte sich: »Leider wird es kein Festmahl, aber wir werden nicht verhungern.«

Sie schaute mich neugierig an.

»Ja, ich bin schwanger«, sagte ich. Meinen Zustand konnte ich sowieso nicht mehr verheimlichen.

»Es wird bestimmt nicht leicht werden, aber ich freue mich für dich, ich weiß, wie sehr du dir ein Kind gewünscht hast. Es wird schon einen Grund geben, warum der liebe Gott dich gerade jetzt erhört hat. Aber sag mal, wer ist der Vater, kenne ich ihn?«

»Ich werde dir alles erzählen, Tante, aber es ist eine lange Geschichte, und ich bin sehr müde. Kann ich mich vielleicht kurz hinlegen?«

Aber bevor ich die Augen schloß, schaute ich sie fragend an, und sie verstand sofort: »Nein, Zosia, von deinem Vater und von Zuzia habe ich nichts gehört, aber wir dürfen die Hoffnung nicht verlieren.«

Am nächsten Tag erfuhr ich von meiner Tante, daß das frühere Künstlercafé von einigen Schauspielern übernommen worden war, die es in eigener Regie bewirtschafteten. Der ehemalige Besitzer, ein Volksdeutscher, hatte mit den Besatzern kollaboriert und saß jetzt im Gefängnis.

»Vielleicht könntest du dort arbeiten, bis die Theater sich etabliert haben und du ein Engagement bekommst.«

Ich lachte und zeigte auf meinen Bauch. »An eine Schauspielkarriere ist vorerst nicht zu denken. Aber du hast recht, ich muß inzwischen eine Arbeit finden. Und eine Wohnung muß ich mir auch recht bald suchen.«

Die Tante nickte mit dem Kopf und sagte: »Laß dir aber Zeit, überstürze nichts. Bei mir bist du erst einmal gut aufgehoben, auch wenn es etwas eng ist in meiner Einzimmerwohnung. Gemeinsam werden wir es schon schaffen.«

Nach dem Vater meines Kindes fragte sie mich nicht mehr, und das war mir zu diesem Zeitpunkt auch ganz recht. Es wäre ihr bestimmt nicht leicht gefallen, alles zu begreifen.

Noch am gleichen Tag ging ich ins Künstlercafé. Dort sah ich einige vertraute Gesichter. Eine Kollegin, mit der ich vor dem Krieg zusammen auf der Bühne gestanden hatte, kam auf mich zu. Sie hörte sich den Teil meiner Geschichte an, den ich zu erzählen bereit war, und sagte: »Also gut, du hast alles verloren, deinen Vater, deine Verwandten, du hast kein Geld und keine Wohnung, außerdem bist du schwanger. Als erstes brauchst du also eine Arbeitsstelle.«

Sie winkte einen Mann herbei, den ich vom Sehen kannte.

»Das ist Leon, und das ist Zosia, eine Kollegin. Sie braucht dringend eine Arbeit.«

Der Mann nickte. »Du kannst sofort als Kellnerin anfangen.«

»Das wird schlecht gehen, ich bin schwanger.«

»Auch das noch.« Der Mann überlegte. »Also gut, ab morgen arbeitest du am Büfett.«

Und so bekam ich doch wieder einen Küchenjob.

Ich konnte es noch gar nicht richtig fassen, daß ich nun nicht mehr verfolgt und gefährdet war, daß ich keine Angst mehr zu haben brauchte, jeden Augenblick als Jüdin enttarnt zu werden und in ein KZ zu kommen. Über meinen Vater habe ich nichts erfahren können, ich hinterließ aber meine Adresse beim Roten Kreuz, für den Fall, daß sich jemand aus meiner Verwandtschaft melden sollte.

Nach Warschau schrieb ich, daß ich alle meine Papiere im Krieg verloren hätte. Bald erhielt ich einen neuen Ausweis, er lautete auf den Namen Jasińska. Schließlich hatte ich unter diesem Namen überlebt. Mit den neuen Papieren und mit Hilfe von ›Zeugen‹, legalisierte ich ihn.

Inzwischen tat ich meine Arbeit am Büfett, verdiente

nicht schlecht dabei, und obendrein machte es Spaß. Ich wohnte noch bei meiner Tante, aber auf die Dauer konnte das keine Lösung sein. Spätestens wenn das Kind da war, brauchte ich eine eigene Wohnung.

Eines Tages fragte mich der Kellner, der eigentlich Schauspieler war, ob ich immer noch eine Wohnung suche.

»Ja«, sagte ich voller Hoffnung, »haben Sie etwas für mich?«

»Nun, ich hätte etwas, nämlich meine eigene Wohnung.«

Seine Wohnung gehörte dem Staat wie fast alles jetzt nach dem Krieg, aber dennoch verlangte er eine so hohe Summe Abstand, daß mir schwindlig wurde.

»Überlegen Sie es sich gut. Heute eine Wohnung zu finden, das ist wie ein Gewinn in der Lotterie.«

»Tut mir leid, aber ich habe nicht soviel Geld.«

Er zog ab und murmelte, daß er nichts zu verschenken habe. Ein paar Tage später machte er ein neues Angebot, das deutlich niedriger lag. Inzwischen hatte ich erfahren, daß er Alkoholiker war und ewig Geldprobleme hatte.

Es gelang mir, den Preis auf ein erträgliches Maß runterzuhandeln. Die Tante borgte mir die nötige Summe, und ich erhielt die Wohnungsschlüssel. Es war ein großes Zimmer mit Küche und Toilette, aber ohne Badezimmer. Trotzdem kam mir die Wohnung wie ein Palast vor – endlich meine eigenen vier Wände für mich und für das Kind! Der Vormieter hatte mir einen Schrank, einen Tisch und zwei Stühle hinterlassen, alles andere, Handtücher, Bettzeug, Bettwäsche, Töpfe und vieles mehr, brachten mir meine Kollegen aus dem Künstlercafé.

So gründete ich meinen bescheidenen Hausstand in der wachsenden Gewißheit, daß ich weiterhin auf mich allein gestellt bleiben würde. Meine Familie existierte nicht mehr. Etwa zehn Verwandte waren von den Nazis umgebracht worden. Nur zwei Vettern lebten noch, der eine hatte in der polnischen Armee unter General Anders gedient und war nach dem Krieg in England geblieben, der andere, Jósef, durch den ich Wiktor kennengelernt hatte, hatte als Arzt in Auschwitz überlebt, aber nicht als Jude, sondern als polnische Geisel, dank gut gefälschter Ausweispapiere, die ein Priester für ihn und seine Frau besorgt hatte. Daß er beschnitten war, hat er die ganze Zeit vor seinen deutschen Bewachern wie auch vor seinen Mitgefangenen verheimlichen können. Nach dem Krieg lebte er weiter als Christ, und nicht einmal seinen Kindern sagte er etwas von seiner jüdischen Herkunft.

Vom Vermögen meines Vaters und meiner übrigen Familie erhielt ich nichts zurück. Geld, Schmuck, Kunstgegenstände und Möbel, alles war verschwunden, entweder von den Nazis mitgenommen oder von den polnischen Nachbarn. Übrig waren lediglich eine Bronzebüste, die meinen Vater darstellte, zwei Fotografien von ihm und ein Gemälde, auf dem ein Krakauer Maler meine Mutter porträtiert hatte. Und ich besaß noch Papas Krawattennadel, mit einem Saphir besetzt, die ich wie eine Reliquie gehütet hatte.

Außerdem hatte ich noch ein Andenken: ein kleines Taschenmesser, das Jakob gehört hatte. Bald würde unser Kind zur Welt kommen. Ich mußte unbedingt an seine Familie in Deutschland schreiben. Lebte Jakob noch? War er auf dem Rückzug gefallen oder in Gefangenschaft geraten? Er hatte mir einmal gesagt, daß er sich lieber erschießen würde, als in russische Gefangenschaft zu gehen. Davor hatte er panische Angst. Hatte ich denn seine Adresse in Deutschland in richtiger Erinnerung?

Mit Hilfe des Roten Kreuzes gab es ein anderes Wiedersehen, dessen Freude von einem großen Schmerz getrübt wurde. Meine Freundin, die Schriftstellerin Rena G., suchte mich auf. Sie war vor dem Krieg eine meiner besten Freundinnen gewesen, wir hatten so manche Nacht durchgefeiert. Sie war eine sehr schöne und gebildete Frau, die die Männer gerade durch ihre Distanziertheit beeindrucken konnte. Wir waren oft gemeinsam zum Skilaufen in Zakopane. Nun erzählte sie mir, was sie erlebt hatte.

Sie hatte einen Sohn gehabt, Adrian, ein begnadeter Geiger. Gleich zu Beginn der deutschen Besetzung besorgte sie für ihn und für sich sehr gute ›arische‹ Papiere. Sie versuchten, unter falschem Namen ein normales Leben zu führen. Eines Tages besuchten sie ein Restaurant, in dem einige deutsche Offiziere saßen, die schon ziemlich angetrunken waren. Einer von ihnen schimpfte wüst auf die polnischen Drecksweiber, die alle Schlampen und Huren wären. Adrian war ein sensibler Künstler, er konnte diese Schmähungen nicht mit anhören, denn er war korrekt erzogen und ein sehr bewußter Patriot. Er stand auf, ging zu dem schreienden Offizier und bat ihn aufzuhören, er sei schließlich in einem polnischen Restaurant und hier säßen auch polnische Frauen. Der Offizier wurde noch gereizter und beschimpfte Adrians Mutter als Nutte. Adrian konnte sich nicht zurückhalten und gab dem Offizier eine Ohrfeige. Der Offizier zog wortlos seine Pistole und schoß Adrian vor den Augen seiner Mutter in den Kopf. Er war sofort tot. Sie wurde verhaftet und kam in ein Konzentrationslager – als Polin, nicht als Jüdin! Nach allem, was passiert war, wollte sie nicht mehr leben und hat alles getan, um zu sterben, aber sie wurde jedesmal im letzten Moment gerettet, ganz ohne eigenes Zutun. So erreichte sie das Ende des Krieges und fand meine Spur. Ich habe die schöne Renia kaum wiedererkannt. Auch nach dem Krieg ist sie in Polen geblieben, in dem Land, dessen Ehre ihr Sohn verteidigt hatte.

Endlich war es soweit. Ich lag im großen Entbindungssaal des Krankenhauses, neben vielen anderen Frauen. Wir schrien alle um die Wette. Draußen warteten die Angehörigen, aber keiner der ungeduldigen Schritte im Flur galt mir. Mit sechsunddreißig Jahren war ich wohl die älteste im Saal.

Die Hebamme kam vorbei, beugte sich über mich und fragte: »Warum schreien Sie denn so? Sie haben noch viel Zeit. Ihre Nachbarin« – sie zeigte auf ein achtzehnjähriges Mädchen – »gebärt schon seit zwanzig Stunden.« Doch ihre Worte spendeten mir wenig Trost. Ich schrie wie am Spieß, von Schmerzen völlig überwältigt. »Na, lassen Sie mal sehen.« Die Hebamme bequemte sich dazu, mich doch noch zu untersuchen. »Um Gottes willen, das Kind kommt, holt schnell den Arzt!«

Der Arzt untersuchte mich, während ich immer lauter schreien mußte. »Pressen, pressen!« feuerte mich die Hebamme an.

»Die Arme hat gar keine Preßwehen«, sagte der Arzt. »Los, strengen Sie sich an.«

Er warf sich auf mich und drückte kräftig auf meinen Bauch. Ich wollte ihn abschütteln, doch er ließ es nicht zu. »Das Kind erstickt, es muß sofort raus.«

Ich strengte mich mit letzter Kraft an und spürte, daß im unteren Bereich etwas geplatzt war, ein dumpfer Schmerz raubte mir fast das Bewußtsein, da hörte ich zum ersten Mal die Stimme meines Kindes. Ich versuchte, mich aufzurichten, aber meine Kraft reichte nicht.

»Es ist ein Junge«, sagte die Hebamme und zeigte mir das verschmierte Päckchen, das sie in der Hand hielt.

»Ist er gesund?« fragte ich besorgt.

»Aber ja, das Kind ist in Ordnung, ein Prachtkerl. Die Nabelschnur hatte sich um den Hals gewickelt, es hätte ersticken können, aber nun ist alles gut.«

Ich schaute mir das kleine Kerlchen an. Das ist jetzt meine Familie, sagte ich zu mir. Du bist sehr häßlich, mein Söhnlein, aber ich habe dich lieb.

»Sind die Kinder immer so häßlich bei der Geburt?« fragte ich.

»Aber, aber, er ist doch nicht häßlich«, protestierte die Hebamme. »Ich bringe ihn jetzt ins Kinderzimmer. Ihr müßt euch beide erst erholen. Morgen könnt ihr euch näher kennenlernen.«

Als ich wieder aufwachte, wußte ich im ersten Augenblick nicht, wo ich mich befand. Dann kam die Erinnerung zurück – die Geburt – ich habe ein Kind ... Doch ich konnte kaum an das Neugeborene denken, ständig hatte ich den jungen Arzt vor Augen, der den Riß an meiner Scheide ohne Betäubung genäht hatte. Ich hatte ihn angefleht, mir eine Spritze zu geben. Er versuchte, mich zu beruhigen, schließlich sagte er, daß die Betäubungsmittel rar und für ernstere Fälle als meinen reserviert wären. Dieser Metzger! Am lebendigen Leib genäht zu werden war schrecklich. Aber das war nun vorbei, ich sollte nicht mehr daran denken. Wichtig war, wie es dem Kind ging, aber wo war der Junge überhaupt?

Unruhig schaute ich mich um. Das Zimmer war hell, die Sonne schien herein und wärmte mein Gesicht. Im Bett neben mir lag eine junge Frau. Sie bemerkte, daß ich aufgewacht war, und lächelte mich an.

»Guten Tag, wie geht es Ihnen?«

»Danke, ich glaube, es geht wieder einigermaßen. Hauptsache, ich muß nicht wieder genäht werden ...« Ich schaute mich um, und sie verstand sofort, was mich bedrückte.

»Sie suchen das Kind? Es wird Ihnen gleich zum Stillen gebracht. Meine Tochter auch, sie ist schon drei Tage alt.«

»Ich habe einen Sohn, aber ich habe ihn nur einen kurzen Augenblick gesehen.«

Die Tür ging auf, und die Säuglingsschwester kam herein, ein Kind in jedem Arm.

»So, meine Damen, jetzt seid Ihr dran.«

Ich schaute das kleine Kerlchen an, die Händchen, den winzigen Mund. Ich hatte ein bißchen Angst, es anzufassen, es kam mir so zerbrechlich vor. Ich sah, wie meine Zimmergenossin ihre kleine Tochter an die Brust legte, und ich tat dasselbe mit meinem Kind. Meine Brüste waren groß und fühlten sich hart an. Mein Sohn machte sich sofort daran zu saugen, leider ohne Erfolg. Als die Milch ausblieb, fing er an zu schreien. Wie traurig, mein Kleiner, daß ich dir gleich deinen ersten Wunsch nicht erfüllen kann, du hast Hunger, und ich habe keine Milch.

»Was soll ich jetzt tun?« fragte ich die Säuglingsschwester.

»Alles halb so schlimm, die Milch wird bei Ihnen noch einschießen, und wenn nicht, bekommt der Kleine halt ein Fläschchen.«

Sie verließ das Zimmer und kam bald mit einer Flasche zurück. Ich betrachtete meinen Sohn, wie er gierig an der Flasche nuckelte. Als sie endlich leer war, schlief er sofort ein.

Da lag es, mein ersehntes, erträumtes Kind. Wenn mein Vater ihn so sehen könnte! Ob Jakob je erfahren wird, daß er einen Sohn hat?

»Warum weinen Sie?« fragte meine Nachbarin.

Ich hatte gar nicht gemerkt, daß ich weinte.

»Aus Kummer und aus Freude zugleich«, antwortete ich leise.

»Ich weiß nicht, welche Sorgen Sie haben, aber wenn man stark ist und glaubt, ist alles leichter. Ich weiß, daß ich zu jung bin, Ihnen solche Ratschläge zu geben, aber darf ich Sie etwas fragen … glauben Sie an Gott?«

»Ich möchte an ihn glauben«, sagte ich, von ihrer Frage überrascht. »Nur frage ich mich immer wieder, wo denn Gott war, als der Krieg tobte und Millionen unschuldige Menschen ihr Leben verloren. Ich beneide diejenigen, die an ihn glauben können.«

Die Frau schaute mich erschrocken an. »Sie haben bestimmt viel durchgemacht und sind verbittert. Das ist nicht gut, vielleicht haben Sie deswegen keine Milch für das Baby. Das ist oft seelisch bedingt. Versuchen Sie, an Gott zu glauben. Er hat Sie schwer geprüft, aber er ist mit Ihnen, sonst hätte er Ihnen nicht dieses Kind geschenkt.«

»Ich danke Ihnen für Ihre Worte. Sie sind eine ungewöhnliche Frau.«

Ich beugte mich über meinen Sohn. Seine blauen Augen schauten mich an, und ich streichelte die wenigen blonden Haare auf seinem Köpfchen. Er sollte Jacek heißen, sein Namenspatron war der heilige Hyazinth. »Ich liebe dich, mein süßer Jacek, von nun an bist du mein Leben.«

Als Jacek zwei Monate alt war, suchte ich mir eine neue Arbeit. In der Zeitung entdeckte ich eine Anzeige, daß man jemanden brauchte für den Verkauf von Kämmen, Haarspangen, Kurzwaren und anderen Kleinigkeiten. Und so zog ich bald durch die Straßen von Krakau, mit meinem Kinderwagen und mit Waren, die ich in einem Laden am anderen Ende der Stadt abholen mußte. Der Wagen war so mit Kartons überladen, daß Jaceks Gesicht gerade noch zu sehen war. Ich belieferte auf meinen Gängen kleinere Geschäfte und erhielt zehn Prozent vom Erlös, nicht gerade viel, aber ein besseres Angebot hatte ich eben nicht. Der Kinderwagen war nicht der neueste, mehrmals am Tag mußte ich ein lockeres Rad wieder anmontieren. Meine Muttermilch war längst versiegt, und so ließ ich unterwegs das Fläschchen in bestimmten Restaurants aufwärmen, wo man mich bald schon gut kannte. Später behauptete mein Sohn, der nur seine ersten elf Lebensjahre in Krakau verbracht hat, daß er sich dieser Stadt besonders verbunden fühle, weil er ihre Atmosphäre schon mit dem Fläschchen auf der Straße in sich aufgenommen habe.

Von Jakob hatte ich noch immer keine Nachricht erhalten. Im Theater, dessen Adresse ich ihm genannt hatte, gab es keine Briefe für mich, und so entschloß ich mich, an seine Familie in Deutschland zu schreiben. Man antwortete mir, in der Hoffnung, daß ich etwas Näheres über seinen Verbleib wüßte. Jakob hatte kurz vor Ende des Krieges noch aus Dresden geschrieben, daß er einen Marschbefehl in Richtung Berlin hätte. Das Rote Kreuz konnte später ermitteln, daß er im April 1945 im Raum Halbe als vermißt gemeldet worden war. Jakobs Frau erfuhr von Jaceks Existenz und ahnte seine Herkunft. Um ihr Kummer zu ersparen, bestritt ich, daß er Jakobs Sohn sei. Sie schrieb mir, daß sie ihn adoptieren wolle, aber ich antwortete, daß das nicht in Frage käme. Sie hat es akzeptiert, und wir blieben weiter in Verbindung.

Ich stand in der Küche und wusch Windeln, als es plötzlich klingelte. »Die Tür ist offen«, rief ich. Ein junger Mann trat ein.

»Entschuldigen Sie bitte, ich habe von meiner Tante gehört, daß hier ein Haus zu verkaufen ist. Ich wüßte eventuell einen Käufer.«

»Kommen Sie und entschuldigen Sie die Unordnung.

Sie müssen der Neffe von Frau Gross sein. Ich kenne Ihre Tante schon lange, sie gehört zu den wenigen Menschen hier, die noch meine Eltern gekannt haben. Was das Haus angeht, so gehörte es meinem Onkel, der von den Nazis umgebracht wurde. Bis mein rechtlicher Anspruch anerkannt ist, kann es noch eine Weile dauern, sagt mein Anwalt.«

Der Mann blieb stehen und schaute etwas verlegen drein.

»Seien Sie nicht böse«, sagte ich, »aber ich habe zu tun, ich muß die Windeln waschen.«

»Ich wollte Sie nicht von der Arbeit abhalten. Ich beobachte Sie schon einige Zeit. Sie ziehen mit dem vollgeladenen Kinderwagen durch die Straßen ...«

»Das ist vorerst vorbei«, sagte ich. »Es ist Winter, da kann ich mit dem Kind nicht mehr umherziehen.«

»Das hat meine Tante schon erwähnt.«

Ich war verärgert. »Ich bin überzeugt, daß Ihre Tante einen besseren Gesprächsstoff hat als mich und mein Kind.«

»Bitte verstehen Sie mich nicht falsch, gnädige Frau. Sehen Sie, ich bin ein Taugenichts, ich verdiene viel Geld und gebe es aus, ohne weiter nachzudenken. Für Sie muß es seltsam sein, aber Sie würden mir einen Gefallen tun ... wenn ich Ihnen etwas Geld borgen darf.«

Er legte einen Bündel Geldscheine auf den Tisch.

Mir verschlug es die Sprache.

»Bei Ihnen ist das Geld besser aufgehoben als bei mir«, sagte er noch.

»Es ist verrückt, was Sie da tun, aber ich danke Ihnen im Namen meines Sohnes, ich glaube aber nicht, daß ich es je zurückzahlen ...«

Er winkte ab.

»Danke«, sagte ich, »jetzt weiß ich endlich, wie eine gute Fee aussieht.«

Er mußte lachen. »Ich eine Fee? Sie kennen mich nicht, sonst würden Sie das nicht sagen.«

Er wollte gehen, aber nun fragte ich ihn: »Bitte, sagen Sie mir die Wahrheit, warum haben Sie das getan?«

»Weil Sie mir so unendlich leid tun«, sagte er leise. Er schloß die Tür hinter sich, und ich blieb fassungslos stehen.

So weit war es also mit mir gekommen! Vor kurzem noch haben die Männer alles für mich getan, weil sie mich schön und begehrenswert fanden, und nun ...

Ich ging zum Spiegel, und was ich darin erblickte, erschütterte mich. Eine ungepflegte, dicke Frau in einem nicht ganz frischen Morgenrock und mit zerzausten Haaren starrte mich an. Wie konnte ich mich nur so gehen lassen!

Das Geld wurde von Herzen gegeben, und es brachte mir Glück. Ich ging zum Friseur und zur Kosmetikerin, machte eine Abmagerungskur und wurde allmählich wieder mir selbst ähnlicher. Jacek bekam ein Bettchen und eine warme Decke. Ich leistete mir sogar eine Haushaltshilfe, damit ich wieder arbeiten gehen konnte. Ich verkaufte jetzt Damenstrümpfe und Wäsche. Das Geschäft ging ganz gut, allerdings mußte ich manchmal nach Lódź fahren, um neue Ware zu besorgen. Dann zog ich mit zwei Koffern von Geschäft zu Geschäft. Es war schwer, und doch war ich froh, wie lange nicht mehr. Endlich verdiente ich genug Geld, um mich und meinen Sohn zu ernähren, ja wir konnten uns hin und wieder einen kleinen Luxus leisten. Und ich fand mich damit ab, daß ich weiterhin allein durchs Leben gehen mußte.

Eines Tages traf ich meinen Wohltäter wieder. Er schaute mich verwundert an. »Meine Güte, wie haben Sie sich verändert!« sagte er. »Sie sind eine schöne Frau.«

»Das Wunder haben Sie ermöglicht. Mit Ihrem Geld konnte ich mich pflegen und mir eine Existenz aufbauen. Es freut mich, daß Ihnen meine Wandlung gefällt.«

»O ja, Sie gefallen mir sehr. Ich bewundere Sie.«

»Einen Teil Ihres Geldes kann ich Ihnen schon zurückzahlen.«

Ich lud ihn zu einer Tasse Kaffee zu mir ein. Henryk, so hieß mein neuer Bekannter, sträubte sich zunächst, das Geld anzunehmen, aber ich bestand darauf, es in Raten zurückzuzahlen. Es schmeichelte mir auch, daß ich nach so langer Zeit wieder einem Mann gefiel. Henryk sah sehr gut aus, und ich war so lange schon allein geblieben. Unsere Bekanntschaft dauerte ein paar Monate, dann wanderte Henryk nach Belgien aus. Ich habe nie wieder etwas von meinem Wohltäter gehört.

Eines Tages kam ich mit einem Teddybär nach Hause. Mein Sohn war entzückt. So hat er ja noch nie geschaut, dachte ich und lachte, denn Jacek machte gerade seine ersten selbständigen Schritte auf seinen neuen Spielgefährten zu. Er streckte die Händchen dem Kuscheltier entgegen und sagte: »Mama!« Über seine wackligen Gehversuche war ich glücklich, denn Jacek war im Verzug, sowohl mit dem Laufen wie mit dem Sprechen. Ein Spätentwickler, versuchten mich die Ärzte zu beruhigen, aber ich machte mir trotzdem Sorgen.

Ich setzte mich zu ihm auf den Fußboden und wollte mitspielen, aber mein Sohn griff nach dem Teddybären und stieß dabei einen Laut aus, den ich eindeutig als *Nein!* interpretierte. »Soso, kaum fängst du an zu laufen und zu sprechen, und schon erlaubst du nicht mehr, daß ich mich in deine Angelegenheiten einmische. Das kann ja heiter werden.«

Als Jacek größer wurde, freundete er sich mit Romek an, einem anderen Jungen aus unserem Haus. Einmal holte Romeks Vater seinen Sohn von uns ab, wo er mit Jacek gespielt hatte. Jacek schaute ihnen nach.

»Komm, mein Kleiner, gib deiner Mutter einen Kuß.«

»Mama, warum hat Romek einen Vater und ich nicht?« Seine Stimme zitterte. »War er artiger als ich? Wo ist mein Papa? Was hast du mit ihm gemacht?«

Ich trat einen Schritt zurück und mußte erst einmal tief Luft holen. Dann setzte ich mich, bedeckte mein Gesicht mit den Händen und versuchte, das Weinen zu unterdrücken. Da spürte ich, wie sich zwei kleine Händchen um meine Arme legten. »Nicht weinen, Mama, ich will ja den Papa gar nicht, ich habe ja dich.« Jacek drückte sich fest an mich. Mein Sohn, mein Sohn, wie soll ich dir das alles erklären, dachte ich verzweifelt.

Einen Sommer war Jacek mit seinem Kindermädchen sowie mit Romek und dessen Mutter in die Berge gefahren, während ich zu Hause blieb zum Geldverdienen. Ich war sehr schlapp und fühlte mich gar nicht gut, bekam stetes Fieber. Der Arzt ließ mich röntgen. »Das dachte ich mir doch«, sagte er in der Sprechstunde, und seine Stimme klang sehr zufrieden. »Sie haben Tbc.«

»Wie bitte?« fragte ich erschrocken.

»Sie haben eine kranke Lunge, ein kleines Loch im Gewebe. Aber das kriegen wir schon wieder hin. Sie haben gute Chancen, weil sie rechtzeitig zu mir gekommen sind.«

Ich schrieb an Romeks Mutter, daß ich auf unbestimmte Zeit ins Krankenhaus müßte, und riet ihr, sich und die Kinder untersuchen zu lassen, ob ich sie etwa angesteckt hätte. Alles Geld, was ich noch besaß, hinterließ ich bei Romeks Vater. Mir war klar, daß es nicht allzu lange für Jacek und das Kindermädchen reichen würde.

Im Krankenhaus wurde ich täglich mit Tod und Elend

konfrontiert, was meinen seelischen Zustand rapide verschlechterte. Gott sei Dank hatten sich Jacek und Romek nicht angesteckt. Nusia, Romeks Mutter, kümmerte sich um meinen Sohn, der mit dem Kindermädchen in unserer Wohnung blieb. Sie schrieb mir, daß ich mir über das Geld keine Gedanken machen sollte. Meine Verwandten aus London, die bis dahin nichts von sich hatten hören lassen, schickten mir nun Geld und Medikamente, die es in Polen nicht gab. Im Krankenhaus verkaufte ich die englischen Medikamente an andere Patienten und nahm selbst weiterhin die polnischen ein, trotz ihrer scheußlichen Nebenwirkungen wie ständige Übelkeit. So konnte ich sogar etwas Geld an Nusia überweisen.

Ich durfte mein Bett verlassen, aber auf jeder Wanderung durch das Krankenhaus bekam ich immer schlimmeres Elend zu sehen, junge Mädchen im letzten Stadium von Meningitis, Frauen mit zerfressenen Lungen. War denn der Krieg nicht Unglück genug gewesen, warum vergriff sich das Schicksal auf diese Weise an den Menschen? Bald blieb ich nur noch in meinem Bett, ganz meinen Gedanken hingegeben, die mich fast zu erdrücken drohten.

An den Wochenenden kamen viele Besucher, aber Nusia, die Angst vor Ansteckung hatte, auch wenn die Besucher hinter Glasscheiben bleiben mußten, kam nicht. So beschloß ich, meine Therapie etwas zu beschleunigen.

Jeden Tag nahm ich eine selbsterfundene Mixtur zu mir: in einen großen Bierkrug gab ich einen Viertel Liter Sahne, fünf Eier und Hunde- oder Katzenschmalz, das ich für viel Geld kaufen mußte. Dieses Getränk sollte bei Lungenkrankheiten Wunder bewirken, behauptete ein hartnäckiges Gerücht unter den Kranken. Eine Änderung stellte sich in der Tat schon bald ein: ich verdoppelte mein

Gewicht und sah aus wie ein Mastschwein. Als weitere Selbsttherapie zwang ich mich, stundenlang bewegungslos im Bett liegenzubleiben, weil ich gehört hatte, daß so die Lungen entlastet würden und schneller heilten. Ich war bereit, auch den unsinnigsten Rat zu befolgen, um wieder gesund zu werden und endlich nach Hause zu dürfen.

Nach drei Monaten wurde ich dank oder trotz dieser Therapie als nicht mehr ansteckend eingestuft und nach Hause entlassen, da es im Sanatorium, wohin ich eigentlich sollte, keinen freien Platz gab. Die Freude, meinen Jacek wiederzusehen, war sehr groß, aber ich verzichtete nicht auf einige Vorsichtsmaßnahmen, ich trug einen Mundschutz, vermied jeden Kuß und benutzte eigenes Geschirr.

Als ich nach zwei Wochen dann doch einen Platz im Sanatorium bekam, weinte Jacek und wollte mich nicht gehen lassen, aber mir blieb keine Wahl. Aus England erhielt ich noch einmal Geld, so daß mein Sohn in der Zeit meiner Abwesenheit versorgt werden konnte.

Nach drei Monaten durfte ich endgültig nach Hause. Jacek empfing mich etwas zurückhaltend. »Mama, wann wirst du abnehmen?« wollte er wissen.

»Ich fange gleich damit an, mein Sohn. Freust du dich denn gar nicht, mich zu sehen?«

»Doch, Mama, aber du siehst so anders aus …«

Was ich jetzt brauchte, war eine Beschäftigung, die mir genug Geld einbrachte, mit dem Verkaufen von Wäsche war es nicht mehr getan. Außerdem wollte ich meinen Sohn entschädigen für die lange Zeit meiner Abwesenheit. Da bot sich nur der Handel mit Gold und Brillanten an, der im kommunistischen Polen für Privatpersonen verboten war. Ich lernte, mit dieser Gefahr zu leben, und verdiente von nun an genug Geld. Die Devise hieß

Kaufen und mit Gewinn Verkaufen. Ich ließ mich nur auf übersichtliche Geschäfte ein, als eine Art Zwischenhändlerin.

Einmal kaufte ich einem Bekannten, der sehr schnell etwas Geld brauchte, wie er mir sagte, einen schönen Brillantring preiswert ab. Aber der Ring war gestohlen, man hatte mich hereingelegt, ich ging der Polizei in die Falle. Noch ehe ich begriff, was mit mir geschah, saß ich in einer großen Zelle mit Huren, Diebinnen und einer Mörderin. Die Wände waren mit kleinen vergitterten Fenstern bestückt, so hoch und so schräg, daß man nicht nach draußen schauen konnte.

Stundenlang starrte ich reglos auf die Zellentür, um ja nicht den Augenblick zu verpassen, wenn die Aufseherin sie öffnete und ich einen Blick nach draußen werfen konnte. Wieder bedrückte mich die Sorge, was aus meinem Sohn würde, wenn ich längere Zeit im Gefängnis bleiben müßte. Ich war zu Hause verhaftet worden, aber zum Glück war Jacek gerade mit dem Kindermädchen auf dem Spielplatz. In Begleitung eines Polizisten hatte ich immerhin ein Stockwerk höher bei Nusia klingeln dürfen, um sie von meiner Verhaftung zu informieren. Sie hatte nur mit dem Kopf genickt. Was sie wohl von mir gedacht hatte?

Nun saß ich in der Zelle, ohne einen Anwalt, ohne eine Nachricht von draußen. Schließlich gelang es mir, beim Gefängnisdirektor vorzusprechen und ihm zu sagen, daß meine kleine Familie ohne meine Arbeit kaum überlebensfähig war. Vor allem wollte ich wissen, was aus meinem Sohn geworden war. Der Direktor zeigte ein gewisses Verständnis, erklärte mir aber, daß ich vorläufig keine Briefe schreiben dürfte. Er versprach, mir auf anderem Wege Nachricht über das Befinden meines Sohnes zukommen zu lassen. Nach zwei qualvollen Wochen erhielt ich endlich ein Schreiben von Nusia.

Jacek ging es gut, und er war versorgt. Das Kindermädchen kümmerte sich um ihn, um alles Finanzielle bemühte sie sich selbst, sie versuchte auch, einen Anwalt für mich zu bekommen, und machte mir Hoffnung auf eine baldige Freilassung.

Das Schlafen in der Zelle war sehr schwierig. Zu den Insassen gehörten auch zwei Huren, die sich tagsüber heftig zankten und nachts im Bett heiße Spielchen miteinander trieben. Die anderen Gefangenen erzählten, die beiden seien an Syphilis erkrankt. Besorgt meldete ich mich beim Gefängnisarzt, um zu wissen, ob ich mich anstecken könnte. Er schmunzelte und beruhigte mich: »Ohne körperlichen Kontakt besteht keine Ansteckungsgefahr.«

Der Arzt kannte mich noch aus meiner Zeit als Schauspielerin auf der Krakauer Bühne, und ich sah in seinen Augen die stumme Frage, was ich denn hier wohl machte. Ich fand aber keine Kraft für Erklärungen und weinte mich bei ihm aus. Als ich bat, sich nach Jacek zu erkundigen und mir eine Nachricht zukommen zu lassen, winkte er ab: zu gefährlich.

Zurück in der Zelle, überfielen mich trübe Gedanken. Ich hatte den Krieg überlebt, war befreit worden, und war nun doch wieder gefangen. Wozu diese vielen krummen Wege? Zahlte ich nun den Preis für das unwahrscheinliche Überleben?

Außer den beiden Huren, die sich ihr Wohlwollen mit Geld oder Zigaretten bezahlen ließen und ansonsten alle anderen terrorisierten, und einer alten Diebin, die sich erfolglos als verrückt ausgab, war unter uns auch Großmutter Anna, wie wir sie alle nannten, ein wirklich unschuldiger Mensch, so ahnungslos in Schwierigkeiten geraten wie ich auch. Sie war fünfundsechzig, klagte nie und hatte für jede ein gutes Wort. Zweimal am Tag betete sie laut und versuchte auch, die anderen zum Beten anzuhalten. Wer nicht mitbeten wollte, hielt dennoch respektvoll Ruhe.

Nur eine Greisin, die ihr Bett kaum noch verlassen konnte, erlaubte sich ein ungeduldiges Murren. »Als ich jung war, habe ich auch gebetet, daß Gott mir einen reichen und gutaussehenden Mann schickt. Aber wozu soll ich heute noch beten? Ich bin alt und keiner will mich mehr haben. Warum hat man mich eingesperrt? Weil ich einen lumpigen Apfel genommen habe. Ich hatte doch Hunger. In einem Altersheim fanden sie keinen Platz für mich, deshalb hat man mich hierhergebracht, wo man mich eigentlich auch nicht haben wollte. Ich bin eben nur Abfall. Glaubt mir, eure Gebete sind für die Katz. Hat man so was schon gesehen – sie machen aus dem Knast eine Kirche!«

»Beruhige dich, Krystyna, und meckere nicht immerzu, du hast es gut bei uns«, sagte die eine Hure, die bei besonders guter Laune zu sein schien, »erzähl uns lieber eine Geschichte aus deiner Jugend, als du noch Ausschau nach gutaussehenden, reichen Männern gehalten hast.«

Da lachte die Alte. »Ich war wirklich sehr schön, das könnt ihr mir glauben. Die Mannsbilder flogen nur so auf mich. Aber ich liebte nur den Stanislaw. Das war ein Liebhaber, sage ich euch ... Er war in unserer Gegend ein berüchtigter Räuber, sie haben ihn aus dem Hinterhalt erschossen, die Feiglinge. Danach kam ich in ein Bordell, und es ging mit mir bergab. Bin ich denn schuld daran, daß ich so geworden bin? Auch ich hätte reiche Eltern haben können, einen reichen Mann und liebe Kinderchen, die sich jetzt um ihre alte Mutter kümmern würden. Aber dein Gott wollte es nicht. Wofür sollte ich ihm also danken? Ich bin nicht so dumm, wie ihr glaubt, ich habe genug gesehen im Leben. Dein Gott existiert nicht, oder er ist ein alter Bösewicht.«

Großmutter Anna schaute die Alte sanft an. »Du hast ein schweres Leben gehabt, Krystyna, aber die Wege des Herrn sind unergründlich, und er ist barmherzig. Es ist nicht seine Sache, sich um reich und arm, um schön oder häßlich zu kümmern. Das sind menschliche Maßstäbe. Du mußt Gott vertrauen.«

»Vertrauen? Daß ich nicht lache. Ich vertraue ja nicht einmal mir selbst. Und du, große Heilige, wie bist du denn hier reingeraten?«

»Sie hat Hölle und Paradies miteinander verwechselt«, warf eine der Huren ein, aber niemand kümmerte sich um ihr Gelächter.

»Du hast schwer gearbeitet, um drei Söhne durchzubringen, dein Mann hat sich aus dem Staub gemacht, und deine Söhne ließen dich schuften, bis du dich einmal beim Wechselgeld verzählt hast. Leider war dein Kunde ein hohes Tier und ließ dich ins Gefängnis werfen. Deine Söhne wollen nichts mehr von dir wissen. Und wo ist dein Gott? Warum hilft er dir nicht?«

Ich saß auf meiner Pritsche und lauschte stumm und angespannt diesem Wortwechsel der beiden alten Frauen. War ich selbst denn nicht ähnlich hin und her gerissen?

Großmutter Annas Glauben war nicht zu erschüttern. »Es ist leicht zu glauben, mein Kind«, sagte sie zu mir herüber, als könnte sie meine Gedanken lesen. »Wehre dich nicht dagegen.«

»Ich bin ein schon ziemlich altes Kind«, versuchte ich zu protestieren.

»Aber eben ein Kind, Gottes Kind, und meine Tochter könntest du auch gut sein. Du darfst den Glauben nicht verlieren, denn er bedeutet Hoffnung, und ohne Hoffnung ist das Leben eine Qual. Übrigens, Zofia, ich habe heute nacht geträumt, daß es deinem Sohn gut geht und daß du bald frei kommst.«

Ich schaute sie zweifelnd an, aber ich war ihr dankbar für ihre tröstenden Worte.

Am nächsten Tag kam der Aufseher in unsere Zelle und rief meinen Namen aus. »Nehmen Sie Ihre Sachen und kommen Sie mit.« Ich war wie in Trance und rührte mich nicht von der Stelle. »Na, was ist denn? Bewegung, junge Frau, ich habe nicht den ganzen Tag Zeit!«

»Wohin bringen Sie mich denn? Zum Direktor?« fragte ich hoffnungsvoll, da ich ein weiteres Gespräch mit ihm beantragt hatte.

»Was wollen Sie denn beim Direktor?« meckerte der Aufseher. »Er hat Wichtigeres zu tun, als Sie zu verabschieden.«

»Verabschieden? Werde ich verlegt?«

»Ja, meine Gute, Sie werden verlegt, und zwar nach Hause. Nun kommen Sie endlich, ich sagte bereits, daß ich nicht den ganzen Tag Zeit habe.«

Frei, endlich frei, wollte ich herausschreien, als sich das Gefängnistor hinter mir geschlossen hatte. Ich atmete ganz tief die frische Luft ein und lächelte die Passanten an, die mir entgegenkamen und nichts von meinem Glück ahnen konnten. Der Anwalt, den Nusia gefunden hatte, mußte ganze Arbeit geleistet haben. Daß er mich eine schöne Stange Geld kosten würde, war zunächst nebensächlich. Auf dem Heimweg machte ich eine kurze Pause in einer der hundert Krakauer Kirchen. Ich setzte mich hin und versuchte, meine Gedanken zu sammeln. ›Du guter Gott aller Menschen, ich danke dir für meine Rettung!‹ Und ich mußte an Großmutter Anna denken, die noch immer im Gefängnis saß.

Als ich an meiner Wohnungstür klingelte und niemand öffnete, wurde ich etwas unruhig. Ich ging zu Nusia, die sich sehr freute, mich wiederzusehen, und mir sagte, daß ihr Sohn und meiner mit dem Kindermädchen im Park spielten. Nusia hatte unter meinen Bekannten und Schauspielerkollegen eine kleine Geldsammlung veranstaltet und genügend zusammenbekommen, um das Kindermädchen zu bezahlen. Auch für den Anwalt reichte das Geld noch, einen älteren Herrn, der mich aus der Vorkriegszeit kannte.

Meinem Sohn hatte Nusia erzählt, ich wäre für einige Zeit an das Theater nach Warschau engagiert worden, aber eines Tages war Jacek herausgeplatzt: »Du belügst mich, und das Kindermädchen tut es auch. Ich weiß doch längst, daß meine Mutter eingesperrt ist.« Er hatte es wohl von anderen Kindern auf der Straße gehört. Jacek hatte ein Talent dafür, von allein Dinge herauszufinden, die ich ihm nicht zu sagen wagte.

Bald kam er zur Tür hereingestürmt und umarmte mich. Er drückte sein Gesicht an meine Wange, nahm mich bei der Hand und führte mich eine Etage tiefer in unsere Wohnung. Jetzt konnte ich meine Tränen nicht mehr unterdrücken.

»Mama, weine nicht mehr, sonst muß ich auch gleich heulen, und dafür bin ich schon zu groß.«

Seine Stimme zitterte ein wenig. Er legte seine Hand auf meine Wange und streichelte sie leicht.

»Jetzt legst du dich hin, und ich bringe dir das Essen ans Bett, so wie du das machst, wenn ich krank bin.«

Auf dem Weg in die Küche drehte er sich um und rief: »Daß du mir ja keine Dummheiten mehr machst und nicht mehr ins Gefängnis kommst! Ich brauche gar nicht soviel Spielzeug und Schokolade. Jetzt bleibst du für immer bei mir.« Zwei große Tränen rollten über sein blasses Gesicht.

Mein Sohn sollte es noch sehr schwer haben mit mir. Böse Jahre folgten, schwere Jahre mit Geldsorgen und stundenlanger Heimarbeit, in der ich Taschen und Gürtel fertigte, Jahre vergeblicher Suche nach einem Lebenspartner, denn manchmal sah ich in einer Heirat die einzige Lösung für mich. Jacek war mehr auf der Straße oder bei Nachbarn als bei mir. Oft verlor ich die Nerven, schrie und wütete, zerriß auch meinem Sohn manchmal Bücher und Hefte. Ich hatte überlebt, aber nun machte mich das Leben fertig.

Erst als mich Jacek eines Tages fragte, warum ich ihn denn in die Welt gesetzt hatte, wenn ich ihm das Leben zur Hölle machte, kam ich zur Besinnung. »Du sagst fürchterliche Dinge, wenn du Wutanfälle hast, du machst meine Sachen kaputt. Ich hab Angst vor dir.«

Seine Worte trafen mich tief, ich bat ihn um Verzeihung, aber wie hätte ich dem Neunjährigen mein Leben erklären können? Ich versuchte, mich zu ändern, unter Mühen gelang es mir. Noch heute frage ich mich, wie mein Sohn diese schwärzeste Zeit unseres Zusammenlebens überwunden hat.

Ich war nie ein besonders frommer Mensch gewesen, weder in meiner jüdischen Kindheit noch später als Katholikin. Aber an Gott habe ich stets geglaubt. Meine Zweifel waren nicht geringer als die der anderen Menschen, aber immer wieder kehrte ich zu dem Gott zurück, der über allem steht und für alle da ist. Meinem Sohn versuchte ich nahezubringen, daß Religionen und Nationen zufällig und also zweitrangig sind, daß in erster Linie der Mensch zählt.

Daß ich jüdischer Herkunft war, hatte ich Jacek nicht offenbart. Ich dachte, ich könnte ihm auf diese Weise Leid ersparen, denn der Antisemitismus war keineswegs verschwunden. Trotzdem nahm ich ihn mit auf den jüdischen Friedhof, zu den Gräbern meiner Mutter, meiner Großmutter und anderer Verwandter. An meinen von den Nazis ermordeten Vater und dessen zweiten Frau erinnerte eine kleine Tafel.

Es war ein langer Weg zum Friedhof. Auf der Straßenbahnfahrt dorthin trafen wir eine Bekannte, die sich zu uns setzte und von einem Mädchen erzählte, das sich ein paar Tage zuvor das Leben genommen hatte. Sie war 1939 als Baby von Katholiken adoptiert worden. Als man ihr nun von ihrer jüdischen Herkunft erzählt hatte, lange nach Kriegsende, hatte sie sich aus dem Fenster gestürzt.

Als wir den Friedhof betraten, fragte mich Jacek: »Bin ich auch wie dieses Mädchen?«

Das Blut erstarrte in meinen Adern.

»Wie meinst du das, Kind?«

Er lachte. »Ich weiß, daß ich nicht adoptiert worden bin, aber bin ich auch jüdischer Herkunft?«

Ich war bereit, alles zu leugnen, da fügte er schon hinzu: »Keine Angst, ich werde mich nicht umbringen.«

Es war an der Zeit, die Wahrheit zu sagen.

»Du bist als Christ erzogen, aber ich bin jüdischer Herkunft, und deine Verwandten, die wir hier auf dem Friedhof besuchen, waren alle Juden.«

»Gut«, stellte er trocken fest, und da ich ihn immer noch ein wenig besorgt anschaute, fügte er hinzu: »Es ist wirklich in Ordnung. Romek ist ja auch jüdisch, und ich freue mich sogar, daß ich es auch ein bißchen bin.«

Den anderen Teil seiner Herkunft verschwieg ich ihm aber immer noch.

195ż gab es eine erste Ausreisewelle polnischer Juden nach Israel, dem wie durch ein Wunder nach zweitausend Jahren neu auferstandenen Staat der Juden. Jahrhunderte waren vergangen, seit der polnische König Kasimir den Juden das Wohnrecht in Polen verbrieft hatte. Doch von dem Schlag des Holocaust haben sich die jüdischen Gemeinden in Polen nicht mehr erholt. Zudem brachte der Kommunismus nach 1945 nicht die erhoffte Toleranz und Akzeptanz.

Auch mir rieten Bekannte zur Auswanderung. Aber war meine Beziehung zum Judentum nicht viel zu schwach? Mein Sohn wuchs als Katholik auf und ging schon längst zur Schule. Außerdem gab es jetzt Tadeusz in meinem Leben, einen Witwer mit drei Kindern, zehn Jahre jünger als ich, ein großer, breitschultriger Mann, der gelegentlich Trost bei mir suchte, allerdings auch bei anderen Frauen, wie ich bald erfuhr.

Auch Nusia beschloß, Polen zu verlassen, sie wollte mit ihrer Familie nach Kanada. Zu dieser Zeit hatte ich ein befristetes Engagement am Krakauer Operettenhaus erhalten. Ich fuhr nach Warschau, um beim Kultusministerium wegen eines dauerhaften Engagements vorzusprechen. Meine Hoffnung ruhte auf einem Staatssekretär, der mich schon vor dem Krieg auf der Bühne erlebt hatte. Er empfing mich höflich, aber sehr distanziert. Nachdem ich meine Bitte vorgetragen hatte, schaute er mich nachdenklich an und sagte: »Natürlich bekommen Sie ein Engagement – in einem jüdischen Theater.«

»Aber, Herr Minister, ich kann weder Hebräisch noch Jiddisch.«

Er blieb gelassen. »Polnische Theater sind für Polen da, Ihr Platz ist in einem jüdischen Theater.«

Ich mußte tief Luft holen. »Ich danke Ihnen, mein Herr, Sie haben mir eine wichtige Entscheidung abgenommen. Ich verstand mich immer als polnische Schauspielerin, aber jetzt sehe ich, daß mir nichts anderes bleibt, als nach Israel auszuwandern.«

Tadeusz war sehr unglücklich, als er hörte, daß ich Polen und damit ihn verlassen wollte. »Aber du brauchst mich doch nicht«, scherzte ich, »du hast doch genug andere Frauen.«

»Das stimmt«, sagte er kleinlaut, »aber das mit dir war etwas ganz Besonderes. Jedenfalls habe ich gehofft, daß du mich liebst, und Menschen, die man liebt, verläßt man nicht.«

»Ach, Tadeusz, mach dir doch nichts vor, das zwischen uns war keine Liebe, sondern nur ein stiller Vertrag zwischen zwei einsamen Menschen. Ich wünsche dir alles Gute, aber jetzt scher dich zum Teufel, ich will dich nie wiedersehen.«

Das war gemein von mir, und der arme Tadeusz tat mir fast leid, als er ganz wortlos den Rückzug antrat. Trotzdem, ich hatte ihn satt und rief ihm nach: »Und wisch dir den Lippenstift ab, den dir eine deiner Flammen hinterlassen hat!«

Der Zug war überfüllt, aber zum Glück hatten wir Platzkarten. Jacek und ich standen am Fenster des Zugabteils. Von Krakau sollte es über Wien nach Genua gehen, von wo uns das italienische Schiff Anotria, das die israelische Regierung gechartert hatte, ins Gelobte Land bringen würde. Jacek war mit der Ausreise sofort einverstanden gewesen. Er freute sich auf das Abenteuer, auf die fremden Länder, und kam sich so bedeutend vor wie ein Held aus seinen Büchern. Wir hatten auch einen letzten Besuch auf dem jüdischen Friedhof gemacht, um uns von unseren Angehörigen für immer zu verabschieden.

Auf dem Bahnsteig standen einige Freunde und Bekannte, Kollegen aus dem Theater, und auch Nusia mit ihrem Mann und mit Romek, die wenig später nach Kanada auswandern wollten. Ein Betrunkener kam am Zug entlang, blieb stehen und grinste: »Die Juden fahren nach Israel! Na, dann gute Reise, Juden!«

Ich beachtete ihn nicht, ich verabschiedete mich von Nusia und bedankte mich bei ihr für ihre großzügige Hilfe. Sie drückte Jacek, den sie sehr liebgewonnen hatte, das Händchen. Plötzlich sah ich Tadeusz, der eilig angelaufen kam. »Aber Zosia, warum hast du mich denn nicht verständigt?« Er warf einen Strauß roter Rosen durch das Fenster. Ich fing den Strauß auf, Dornen stachen in meine rechte Hand. »Danke, Tadeusz, alles Gute!«

Der Zug fuhr an, Tränen liefen mir übers Gesicht, Tadeusz lief neben dem Zug her, wollte meine Hand gar nicht loslassen. »Romek!« schrie Jacek, dem wohl erst jetzt bewußt wurde, daß es ein Abschied für immer war. Aber auch ich fühlte, daß ich meine Freunde, meine Heimat, das Grab meiner Mutter nie mehr sehen würde. Romek und Tadeusz liefen nebeneinander auf dem Bahnsteig mit, aber der Zug wurde schneller, die winkenden Menschen wurden immer kleiner, und drinnen saßen Jacek und ich und kämpften mit den Tränen.

Ohne Tränen, aber mit sehr gemischten Gefühlen, verließ ich zehn Jahre später Israel wieder. Mein neues Ziel hieß Frankfurt am Main. Ja, Israel war nur eine Zwischenstation auf meinem Weg von Polen nach Deutschland gewesen, dem Land der Mörder meines Vaters, dem Land, aus dem der Vater meines Kindes kam.

In Israel hatte ich weder eine soziale Existenz noch privates Glück gefunden, immer nur Aushilfsstellen und flüchtige Bekanntschaften. Es war das Land der Juden, ein wunderbares Land, aber es war nicht mein Land geworden. Das Wunder der Entstehung des jüdischen Staates und die enormen Opfer, die seiner Gründung vorangingen, waren mir bewußt. Aber es war mir nicht gelungen, dort meinen Platz zu finden.

Trotz eines Kurses in einem Ulpan, einer Sprachschule für Einwanderer, war an eine Arbeit als Schauspielerin nicht zu denken. Ich habe in verschiedenen Restaurants gekellnert und eine Zeitlang alptraumhafte Berge von Geschirr abgewaschen. Ich habe immer in kleinen und bescheiden möblierten Zimmern gewohnt.

Oft stand ich an der Strandpromenade von Tel Aviv und schaute sehnsüchtig den Schiffen nach. Meine Gedanken gingen zurück nach Polen, nach Krakau, an die Menschen, die ich dort gekannt hatte. War ich etwa undankbar? Ich begann, kleinere Texte zu schreiben, die in einer polnischsprachigen Zeitung veröffentlicht wurden, Splitter von Erinnerungen oder zerstobenen Träumen.

Einmal saß ich schon am frühen Vormittag am Strand.

»Heute werden wir einen starken Hamsin haben«, sagte eine tiefe männliche Stimme neben mir. Erst jetzt entdeckte ich den älteren Herrn, der sich in meiner Nähe niedergelassen hatte. »Wissen Sie, was ein Hamsin ist?«

Er sprach Deutsch, und ich antwortete in derselben Sprache.

»Nein, ich weiß es nicht, ich bin noch nicht sehr lange in Israel.«

»So sehen Sie auch aus.«

Er lächelte mich freundlich an. Ein sympathischer Mensch, dachte ich.

»Es bedeutet, daß es sehr heiß und trocken wird, ohne die Spur eines Windhauches, verstehen Sie?«

Ich nickte.

»Sehen Sie sich das Meer an, absolute Stille. Schon jetzt kann man kaum atmen.«

Er wartete, ob ich etwas sagen würde, und da ich es aber nicht tat, fragte er:

»Woher kommen Sie denn?«

»Ich bin eine Polin.«

»So, Sie kommen aus Polen. Ich komme auch daher, aber ich bin kein Pole, sondern ein Jude aus Polen.«

»Das ist für mich dasselbe«, sagte ich, »weshalb betonen Sie den Juden so stark?«

Er schaute mich überrascht an. »Nun, ich bin ein gläubiger Jude, und daß ich in Polen geboren wurde und dort gelebt habe, hat für mich keinerlei Bedeutung, keine nationale, meine ich.«

»Sie müssen entschuldigen, aber in meiner Familie gab es solche feinen Unterschiede nicht«, sagte ich vorsichtig, denn ich wollte den freundlichen Herrn nicht verärgern. »Mein Vater war in erster Linie ein polnischer Bürger mit allen Rechten und Pflichten. Daß wir Juden waren, spielte in unserer Familie keine große Rolle.«

»Soso, aber galt das auch während des Zweiten Weltkriegs?« Seine Stimme klang jetzt recht sarkastisch.

»Nein«, gab ich zu, »da sind wir an unsere Herkunft erinnert worden.«

»Da haben wir's wieder.« Er schüttelte den Kopf.

»Aber diese schreckliche Zeit ist doch Gott sei Dank vorbei«, ereiferte ich mich. »Mir ist es egal, ob jemand Jude oder Christ oder sonst etwas ist. Es gibt nur einen Gott. Die verschiedenen Religionen sind eine menschliche Erfindung.«

Er machte eine abwehrende Geste. »Dieser Meinung kann ich mich nicht anschließen. Ich bin stolz, ein Jude zu sein, und das nach den Verfolgungen und Demütigungen in diesem Jahrhundert, wie in den Jahrhunderten zuvor. Es sind diese Umstände, die es wichtig machen, sich zu seinem Judentum zu bekennen.«

Er sprach sehr ernst, und ich wagte nicht, ihm zu widersprechen. »Ich beneide Sie um Ihren Glauben, mein Herr. Es muß schön sein, so genau zu wissen, wer man ist und wohin man gehört.«

Er schaute mich vorwurfsvoll an. »Auch Sie sollten täglich dem lieben Gott dafür danken, daß wir Juden endlich ein Land für uns haben.«

Er wollte noch etwas hinzufügen, aber er hielt inne. »Sie sind traurig«, sagte er nach einer Weile, »das wäre mir fast entgangen durch unser Gespräch. Sagen Sie mir lieber, was Sie zu so früher Stunde hier am Strand tun. Wie eine Gesundheitsfanatikerin sehen Sie nicht gerade aus.«

»Nein«, lachte ich, »alles, was nach Fanatismus riecht, ist mir zuwider. Ich habe gerade meine Arbeit beendet und wollte mich am Strand etwas ausruhen, ein wenig träumen.«

»Es tut mir leid, daß ich Ihre Träume gestört habe. Wo arbeiten Sie denn?«

Ich schaute ihn prüfend an. »Könnte es sein, daß Sie etwas neugierig sind?«

»Aber natürlich. Es interessiert mich, also frage ich. Vielleicht arbeiten wir ja in derselben Branche. Ich komme aus der Gastronomie.«

»Vor einer Stunde konnte ich das auch noch behaupten. Aber ich habe mich beim Wechselgeld geirrt, weil ich übermüdet war, und wurde fristlos gekündigt. Doch warum erzähle ich das alles?«

»Wahrscheinlich, weil es gut tut, sich auszusprechen, und weil wir im doppelten Sinne Landsleute sind, Israelis, die aus Polen kommen. Israel ist wunderschön, aber ich weiß, daß es nicht immer leicht ist, hier zu leben. Wie alt sind Sie denn?«

»Um die fünfzig«, sagte ich zögernd.

Er lachte. »Sie könnten fast meine Tochter sein. Sie haben das ganze Leben noch vor sich.«

»So ganz taufrisch bin ich nicht mehr«, sagte ich, »aber noch nicht zu alt, um nicht den Kampf gegen die Widrigkeiten des Lebens in diesem Land aufzunehmen.«

»Das gefällt mir. Leider muß man sich das meiste in diesem Leben erkämpfen. Aber manchmal naht Hilfe, wo man sie nicht vermutet. Ich betreibe ein Etablissement, in dem man Empfänge und Feiern ausrichten kann. Und in einem Monat eröffne ich ein Restaurant in dem neuen Strandschwimmbad. Was halten Sie davon, als Serviererin bei mir zu arbeiten?«

Ich schaute ihn ungläubig an.

»Schon gut«, sagte er, »ich muß jetzt gehen, hier ist meine Visitenkarte. Ich erwarte Sie morgen bei mir. Auf Wiedersehen.«

»Auf Wiedersehen – und vielen Dank für das freundliche Angebot. Gott sei Dank habe ich wieder eine Arbeitsstelle.«

Er lachte. »Es war der jüdische Gott!«

»Es war auch der jüdische Gott«, sagte ich sanft.

So arbeitete ich als Serviererin, aber auch diese Stelle behielt ich nur kurze Zeit, denn Herr Szpilman, so hieß meine Strandbekanntschaft, erkrankte bald, verkaufte seine Restaurants, und die neuen Besitzer kündigten den meisten Angestellten.

Obwohl er katholisch erzogen war und diesem Glauben auch treu blieb, hat sich mein Sohn in Israel schnell eingelebt und auch wohlgefühlt. Joav, wie er hier gerufen wurde, besuchte zunächst ein Mosad, ein landwirtschaftliches Internat, in dem man morgens Unterricht bekam und den Nachmittag mit Orangenpflücken oder mit Kühemelken verbrachte. Hier erhielt er auch die Einführung ins Judentum, die ich ihm in Krakau nicht vermittelt hatte. Später sagte er, ein wenig hätte er wie ein ›Fremder unter Fremden‹ gelebt, und doch wären es seine besten Jahre gewesen.

Trotz meiner Proteste absolvierte er auch den Militärdienst, freiwillig, denn als Katholik hätte er sich davon befreien lassen können. Er blieb nur ein Jahr beim Militär, nach einem Unfall war ich für längere Zeit auf Pflege angewiesen.

Später besuchte Jacek eine Schauspielschule und schlug sich mit Gelegenheitsjobs durch. Durch seine Arbeit als Fotomodell für die Reklametafeln einer Zigarettenmarke erlangte er einen gewissen Bekanntheitsgrad, erhielt sogar Filmangebote, die er aber ausschlagen mußte, solange er noch Schauspielschüler war.

In dieser Zeit wohnte er bei mir. Eines Tages hatte sich eine Hündin bei uns eingeschlichen. Jacek zog sie unter seinem Bett hervor und wollte Romy, wie er sie rief, nicht wieder hergeben.

Als Jacek begriff, wie sehr ich unter den Lebensverhältnissen litt, die ich als sozialen Abstieg empfinden mußte, riet er mir, doch nach Deutschland auszureisen und dort eine Entschädigung zu beantragen. »Schließlich bist du durch den Krieg und die Nazis in diese schwierige Lage gekommen«, sagte Jacek. »Was du verloren hast, kann dir keiner ersetzen, aber du hast einen Anspruch darauf, daß die Folgen des Krieges gemildert werden.«

»Hoffentlich sieht das die deutsche Regierung auch so«, antwortete ich.

Nach reiflicher Überlegung schrieb ich an eine ehemalige Freundin in den USA. Meine rebellierende Eitelkeit überwindend, schilderte ich meine prekäre Lage und meine Absicht, nach Deutschland überzusiedeln. Schon bald erhielt ich einen Brief mit einer Überweisung, meine Freundin hatte unter Bekannten für meine Überfahrt gesammelt. Mit dem Schiff fuhr ich nach Genua, dort stieg ich in den Zug um.

Meine ersten Tage in Frankfurt verbrachte ich in einem billigen Hotel, dafür reichte das amerikanische

Geld gerade noch. Zum Glück konnte ich mich sofort besser verständigen als in Israel, mein Deutsch hatte ich nicht vergessen.

Mein erster Weg führte mich zu einem Anwalt, der sich auf die Entschädigung von Nazi-Opfern spezialisiert hatte. Er hörte sich meine Geschichte geduldig an und sagte: »Sie kommen leider zu spät, die Deutschen werden Ihr Anliegen nicht mehr anerkennen. Es wurde ein Schlußgesetz verabschiedet, das leider auf Sie zutrifft.«

Ich war wie betäubt. »Wie ist das möglich? Sind die Leiden und die Verluste der Nazi-Opfer aufgehoben, wenn eine Regierung das beschließt?«

»Nun, warten wir erst mal ab, ich will versuchen, was sich noch machen läßt, ich liebe aussichtslose Fälle. Versprechen kann ich aber nichts. Haben Sie inzwischen etwas Geld, um die Zeit zu überbrücken?«

»Leider nicht. Die Reise hat alles aufgezehrt.«

»Das dachte ich mir schon.«

Der Anwalt seufzte, dann schob er mir einige Geldscheine zu.

»Nehmen Sie schon«, sagte er, als er sah, daß ich zögerte. »Sie werden es mir eines Tages zurückzahlen.«

Zunächst aber mußte ich den Weg in das Aufnahmelager Friedland antreten, um der vorgeschriebenen Prozedur zu genügen. Das war nicht zu umgehen, sagte man mir. Also verbrachte ich dort ein paar Tage unter Aussiedlern aus Osteuropa, die von sich behaupteten, daß sie ›in die alte Heimat‹ zurückgekehrt seien, aber sie sprachen kaum ein Wort Deutsch, waren nie in Deutschland gewesen, von Deutschland und der deutschen Kultur wußte ich viel mehr als sie.

Auch im Lager bekam ich zu hören, daß ich nach dem Schlußgesetz gekommen wäre und deshalb keinen Anspruch auf Entschädigung hätte. Bald ging ich zurück nach Offenbach, fand ein möbliertes Zimmer, eine Anstellung als Verkäuferin in einem Kaufhaus und dazu eine Stelle als Platzanweiserin in einem Kino. Zu meinen Aufgaben gehörte auch die Regulierung der Lautstärke der Filme, die von Hand geschah. Ich saß dann in der letzten Reihe und drehte am Regulierungsknopf. Oft schlief ich dabei ein, so daß die Chefin hinterher mit mir schimpfte, aber nicht allzusehr, denn sie war eine verständnisvolle Frau. Ich habe viele hilfsbereite Menschen getroffen, nur vor Leuten in Uniform hatte ich instinktiv Furcht. Ich mußte mich in der ersten Zeit richtig zusammennehmen, um nicht davonzulaufen, wenn ich einem deutschen Polizisten begegnete.

Die Prozedur meines Antrags auf Entschädigung nahm einen langwierigen, quälenden, manchmal demütigenden Verlauf. Man verlangte, daß ich Zeugen für mein Leben in Krakau benannte, aber die meisten waren ja von den Nazis umgebracht worden. Auch hielt man mir vor, daß ich im Krieg unter falschem Namen gelebt hatte. Irgendwann im Laufe eines solchen Gesprächs vor deutschen Behörden platzte mir der Kragen und ich schrie den Beamten, der mir lauter scharfe Fragen stellte, an: »Wer ist denn hier schuldig, ich oder die Nazis?«

Trotzdem hielt ich mit Unterstützung meines Anwalts an meinem Antrag fest. Ich bemühte mich um glaubwürdige Zeugen. So bestätigte der Schauspieler Willy Fritsch meine Zeit in Berlin bei der Ufa. Es gelang mir auch, unter den Überlebenden des Holocaust jemanden zu finden, der bestätigen konnte, daß meine Großeltern väterlicherseits aus Deutschland stammten und zu Hause Deutsch sprachen. Dann erinnerte ich mich an einen Verehrer aus der Vorkriegszeit, Rudolf Becker, den ich in Marienbad kennengelernt hatte. Ich wußte noch dunkel, daß er in Hannover eine Firma besaß, ich glaube, er importierte exotische Tiere für

Zoos und Zirkusse, und tatsächlich fand ich seinen Namen im Telefonbuch.

Ich wählte die lange Nummer und lauschte dem knakkenden Ton in der Leitung. »Ja, bitte?« Die Stimme klang gar nicht fremd.

»Hier ist Zofia, Sophie, die Frau, die du ... ich meine, die Sie vor einer halben Ewigkeit in Marienbad kennengelernt haben. Können Sie sich noch an mich erinnern?«

»Und ob!« Die Stimme am Telefon wurde lauter. »Du bist doch diejenige, die in Marienbad nicht mit mir tanzen wollte und damals abgehauen ist, ohne sich zu verabschieden. Dabei hatte ich doch Pläne für uns beide.«

»Daran können Sie sich noch erinnern? Aber seien Sie froh, daß es so gekommen ist. Im Dritten Reich hätten Sie meinetwegen nur Ärger bekommen, da ich jüdischer Herkunft bin.«

Er ging darauf nicht ein, sondern fragte nur: »Wo bist du denn jetzt?«

»Zur Zeit in Offenbach am Main.«

»Meine schöne Polin! Wer hätte gedacht, daß ich noch einmal von dir höre.«

»Danke für das Kompliment, aber von der Schönheit ist nicht mehr viel da«, lachte ich.

»Ach was, wir müssen uns sehen. Übermorgen komme ich nach Frankfurt. Ich werde im Frankfurter Hof wohnen, und wir werden dort zu Abend essen, wenn es recht ist.«

Ich fühlte mich unwohl auf dem Weg zur Verabredung. Für die Sommerkleider, die ich aus Israel mitgebracht hatte, war es schon zu kalt. So zog ich ein Kleid an, das mir eine Bekannte geschenkt hatte, schlüpfte in meinen alten Mantel und in Gummistiefel. So und mit einem geknickten Regenschirm kam ich im Nobelhotel an.

Während ich in der Empfangshalle stand und angespannt wartete, begann ich mich zu ärgern, daß ich mir keinen Gang zum Friseur geleistet hatte. Da entdeckte ich in einem Sessel einen älteren Herrn, vielleicht siebzig Jahre alt, mit gelichtetem grauem Haar und einem kurzen Bart. Der Mann erblickte mich, stand auf und kam lächelnd auf mich zu.

»Meine schöne Polin aus Krakau?« fragte er.

»Das war einmal«, sagte ich.

Wir setzten uns ins Hotelrestaurant, und er erzählte von sich und seiner Familie, dann kam ich an die Reihe. Er hörte sich meine Lebensgeschichte schweigend an, dann sagte er: »Hätte ich das gewußt, dann hätte ich doch geholfen. Ich hätte dir Geld und ein Flugticket geschickt.«

Ich war verlegen. In all den Jahren hatte ich nicht mehr an diesen freundlichen Menschen gedacht, und nun bot er mir seine Hilfe an.

»Hör mal, Sophie, auch wenn du nicht mehr das junge Mädchen von damals bist, so bist du weiterhin eine attraktive Frau.«

Ich winkte ab. »Es tut mir leid, daß ich so unpassend angezogen bin.«

Ich saß mit Rudolf in dem vornehmen Restaurant, ließ mich bedienen, aß Austern und Kaviar und trank Champagner. Ich hatte vergessen, wie das ist, einem Mann gegenüberzusitzen, dem ich gefalle. Fast wie in alten Zeiten, als ich noch eine Dame der Krakauer Gesellschaft war, dachte ich. Ja, für kurze Zeit war ich wieder eine Frau und nicht die Kampfmaschine, die um ihre Existenz ringen mußte. Aber das konnte ich ihm nicht sagen, er würde mich wohl kaum verstehen. Rudolf war ein angesehener Mann mit einer vollen Brieftasche, wie sollte er wissen, was ein tagtäglicher Kampf ums Überleben bedeutete.

»Das bewundere ich an dir«, sagte er plötzlich, »daß du in der schweren Zeit nach dem Krieg dieses Kind zur Welt gebracht hast. Du hast in diesem Krieg die Liebe und das Leben verteidigt. Auf deine Weise hast du die Nazis besiegt.«

Ich wollte ihm etwas entgegnen, aber ich bekam kein Wort heraus, denn ich mußte plötzlich daran denken, was und wen ich alles verloren hatte. Und so drückte ich ihm zum Abschied die Hand und sagte nur leise: »Danke.«

»Ich habe zu danken für die schöne Gesellschaft«, sagte er noch. »Das müssen wir unbedingt wiederholen.«

Rudolf und ich blieben in Verbindung. Wir trafen uns in Frankfurt, oder ich besuchte ihn in seinem Schweizer Domizil. Ich nahm mir eine Zweizimmerwohnung in Frankfurt, das Geld dafür borgte mir Rudolf, bei dem ich mich schriftlich zur Zurückzahlung verpflichtete. Ich arbeitete weiter in dem Kaufhaus und in dem Kino.

Eines Tages rief mich Jacek aus Israel an, um mir mitzuteilen, daß er mit der Schauspielschule, die er jetzt besuchte, auf Tournee ginge, um für Soldaten zu spielen. Ich sollte mir keine Sorgen machen, wenn ich länger nichts von ihm hörte.

In dieser Zeit, es war das Frühjahr 1967, kamen beunruhigende Nachrichten aus dem Nahen Osten, die Lage spitzte sich bedrohlich zu. Ich sah einen Fernsehbericht über die Mobilmachung in Israel. »Die ersten Soldaten ziehen in den Krieg«, verkündete die Stimme des Reporters. Ich schaute näher hin. Plötzlich schrie ich auf: in einer Reservistengruppe, deren Vorbeimarsch gezeigt wurde, entdeckte ich meinen Sohn. Er hatte mich also beschwindelt, um mich zu beruhigen. Ich war wütend und verängstigt.

Über eine Bekannte in Israel, die mit Jacek in Kontakt stand, erhielt ich seine Feldpostadresse. Ich schrieb ihm einen Brief: er solle sich als Christ vom Militär befreien lassen und sofort nach Deutschland kommen. Wenn er sich weigerte, würde ich das nicht überleben.

Alle moralischen, politischen und logischen Gedanken waren mir gleichgültig, ich wollte nur meinen Sohn aus den Klauen des Krieges entreißen, dem Erbfeind aller Mütter dieser Welt. Jacek schrieb mir zurück, er bedaure, daß ich ihn im Fernsehen gesehen hätte, daß ich Unmögliches von ihm verlangte und mit solchen Briefen seine Lage noch schwieriger machte. Schließlich lebe er seit Jahren in diesem Land, dort lebten auch seine Freunde, er könne sich nicht einfach wegstehlen.

Als er den Brief schrieb, glaubte er noch nicht, daß es zum Krieg kommen würde, als aber wenige Tage später der Krieg zwischen Ägypten und Israel ausbrach, war ich wie von Sinnen. Ich schrie und tobte und schlug mit dem Kopf an die Wand. Ich mußte unbedingt nach Tel Aviv fliegen. Rudolf Becker borgte mir das nötige Geld für ein Ticket, aber es war unmöglich, einen Flug zu bekommen. Alle Fluggesellschaften stellten ihre Flüge ein, bis auf die El-Al, deren Flugzeuge aber belegt waren von Juden aus aller Welt, die nach Israel reisten, um sich solidarisch zu zeigen und womöglich zu helfen.

Nach vier Tagen gelang es mir doch, einen Platz zu bekommen. Im Flugzeug sitzend, wurde mir klar, daß alle Leute in der Maschine Israel zu Hilfe eilten, während ich hinflog, um meinen Sohn dort rauszuholen. Wie, das wußte ich noch nicht, aber mir würde schon etwas einfallen. War ich zu egoistisch? Ich hatte meine ganze Familie im Zweiten Weltkrieg verloren, Gott konnte doch nicht wollen, daß mir nun durch einen anderen Krieg mein Kind geraubt würde …

Am fünften Kriegstag landete ich in Tel Aviv, wo man von den Ereignissen fast nichts merkte. Nur sah man auf den Straßen sehr wenig Männer. Ich quartierte mich bei einer Bekannten ein, da ich unter den Umständen nicht allein in der Wohnung bleiben wollte.

Schon am nächsten Tag, noch bevor ich Schritte zur Rettung meines Sohnes einleiten konnte, war der Krieg zu Ende. Israel hatte gewonnen, aber um einen hohen Preis.

Ich hoffte, meinen Sohn bald wiederzusehen. Inzwischen ging ich in die katholische Kirche in Jaffa, die ich noch aus meinen Jahren in Israel kannte. Dort kam ich ins Gespräch mit dem Priester, der mir einen ungewöhnlichen Vorfall schilderte: vor ein paar Tagen habe, was noch nie vorgekommen sei, ein Soldat in der Uniform der israelischen Armee die Kirche besucht und fast den Ablauf der Heiligen Messe durcheinandergebracht, weil die Gläubigen immerfort ihn angeschaut hätten und nicht den Priester.

Wer dieser Soldat gewesen war, konnte ich mir denken. Vierundzwanzig Studen später stand Jacek vor mir, braungebrannt von der Wüstensonne.

»Hier ist deine verrückte Mutter!« Jetzt, wo alles zu Ende und er am Leben war, konnte ich wieder scherzen.

»Hallo, Mama, was machst du für Geschichten? Bist du gekommen, um mitzukämpfen? Wie du siehst, ist mir nichts passiert, aber ich habe mich auch nicht mit Ruhm bekleckert. Ich bin sogar froh, daß ich keine Waffen auf andere Menschen richten mußte.«

Ich umarmte ihn. »Vergiß den Krieg, mein Sohn. Komm mit mir nach Deutschland.«

»Nach Deutschland? Meinst du das ernst? Was soll ich denn da?«

»Papperlapapp«, sagte ich, »ohne dich fahre ich nicht wieder weg. Vergiß nicht, daß ich außer dir niemand auf der Welt habe.«

»Wie könnte ich das vergessen? Aber ich möchte hier nicht weg, und nach Deutschland schon gar nicht.«

Eine Woche lang setzte ich Jacek unter Druck, bis er endlich nachgab. »Also gut, wenn ich den Abschluß auf meiner Schauspielschule gemacht habe, dann fahren wir. Offensichtlich legst du Wert darauf, mein Leben wieder in deine Hände zu nehmen.«

In vielen Einzelheiten konnte ich Jacek meinen Willen aufzwingen, nur über seine Hündin Romy ließ er nicht mit sich reden, also wurde auch das arrangiert. Als endlich das Flugzeug nach Frankfurt abhob mit Jacek, mir und Romy an Bord, nahm ich meinen Sohn glücklich bei der Hand, voller Zuversicht, das Richtige getan zu haben. »Frankfurt, ich komme!« sagte Jacek, aber seine Stimme klang nicht gerade begeistert.

Was lag vor ihm? Schwierige Jahre als Schauspieler in Frankfurt und in Berlin, kleinere und größere Rollen auf der Bühne und im Film, die manchmal auch ich für ihn besorgt hatte, zwei Eheschließungen, zwei Kinder, all die Wechselfälle des Lebens. Und eine letzte Enthüllung über seine Herkunft.

Ich hatte brieflichen Kontakt zur Familie von Jakob Schäfer gehalten. Seine Frau, die mir Päckchen und freundliche Briefe nach Krakau geschickt hatte, war schon gestorben. Zwei seiner Schwestern lebten noch im Rheinland. Nun entschloß ich mich zu einem Besuch bei ihnen. Ich bestand aber darauf, daß Jacek nichts von Jakobs Vaterschaft erfahren sollte. Er glaubte immer noch, daß sein Vater ein Pole war, der im Widerstand gegen die Deutschen gefallen war.

Bei unserem Besuch ging zunächst alles problemlos vonstatten. Jacek und ich wurden von der ältesten Schwester und ihrer vierköpfigen Familie freundlich empfangen. Am nächsten Tag fuhren wir zu Kaffee und Kuchen ein Dorf weiter. Bei der anderen Schwester hing zu meinem Entsetzen ein großes Foto von Jakob an der Wand. Als Kind hatte Jacek dieses Foto in meinem Album gesehen und manchmal gründlich angeschaut, er erkannte es sofort wieder. Die Gastgeberin schaute ihn an, mit Tränen in den Augen, und sagte: »Das ist mein Bruder und dein Vater. Der Junge muß doch endlich erfahren, wer sein Vater war«, sagte sie entschuldigend zu mir und ihrer Schwester, die nicht weniger aufgeregt war als ich. Ich schaute besorgt auf meinen Sohn, aber der wirkte ganz gefaßt.

»So, das hatte ich mir schon gedacht. Auf einmal habe ich also Cousinen und Cousins.«

Mehr sagte er nicht dazu, erst als wir später allein waren, sagte er zu mir: »Mach dir keine Sorgen, Mama. Es ist schon alles in Ordnung so. Es wird dich vielleicht wundern, aber ich habe das schon lange vermutet, schon als Kind in Polen, ohne daß ich dir sagen könnte, warum. Es war schon sehr gut, daß du immer gesagt hast, daß es überall gute und schlechte Menschen gibt. Lange Jahre hast du mir nicht gesagt, daß ich jüdischer Herkunft bin, das habe ich mit zehn Jahren mehr oder weniger selbst entdeckt. Wer mein Vater ist, wußte ich bis heute nicht. So was kann einen Menschen unsicher machen. Bis jetzt lagen meine Wurzeln bei den Gottliebs und bei den Kohns aus Krakau. Nun kommt der Rheinländer Jakob Schäfer hinzu. Das muß ich akzeptieren, ach was, ich habe es bereits akzeptiert. Aber die Seele des Wehrmachthauptmanns Jakob Schäfer muß akzeptieren, daß ich mich nach wie vor mit dem Kampf der Juden, der Polen und all der andern gegen die Nazis identifiziere und daß der Kampf meines Vaters für mich immer fremd bleiben wird und unbegreiflich.«

Die freundschaftliche Verbindung mit der Familie von Jakob Schäfer blieb bestehen. Mich erreichten auch

Nachrichten vom Ableben früherer Weggefährten. Olek wurde bei einem Aufstand in seinem südamerikanischen Land erschossen, Wiktor, der sich kurz vor Kriegsende aus Krakau abgesetzt hatte, starb nach einer erfolgreichen Karriere als Chirurg in den USA. Er hatte mir zuweilen Pakete geschickt, aber zu einer ausführlichen Korrespondenz war es nicht mehr gekommen. Die Geschichte hatte dazu geführt, daß ich nach Deutschland kam; durch eine ihrer seltsamen Windungen wurde es sogar möglich, daß ich noch einmal nach Krakau kam – als Besucherin aus Deutschland.

Und nun sitze ich in meinem Heim in Frankfurt, schaue aus dem Fenster und erinnere mich. Vor meinen Augen zieht mein Leben vorüber. Mein Leben war interessant, und ich habe mich wirklich nicht gelangweilt. Aber so aus ganzem Herzen glücklich war ich nur selten. So vieles habe ich vergessen. So vieles kann ich nie vergessen. Und ich frage mich, wie ich all das aushalten konnte.

Manchmal, wenn ich an meinem Fenster sitze und nachdenke, kommt es mir so vor, als ob alles, was mich umgibt, alles, was mir geschehen ist, schon einmal, nein, schon viele Male da war. Und ich frage mich, was wohl meine Mutter sagen würde, wenn sie wüßte, was ich erlebt habe. Habe ich, das verwöhnte Mädchen aus Krakau, mich nicht dem Leben gestellt, bin ich nicht eine erprobte Kämpferin an der Front des Alltags geworden?

Ich sitze da und warte auf einen Anruf von meinem Sohn, auf einen Besuch meiner Enkelkinder. Oder ich schaue in den Spiegel und sehe ein erstauntes Gesicht voller Falten. Ich denke zurück und habe manchmal das Gefühl, im Rennauto durch die Weltgeschichte zu sausen. Ich denke an mein Leben, das so sorglos und frei war vor dem Krieg, voller Mühsal und Arbeit danach. Und ich bin froh, daß mich keine Fee gefragt hat, ob ich dem Handel zustimme, daß ich zwar überlebe und sich sogar mein Kinderwunsch erfüllt, alle anderen Hoffnungen aber unerfüllt bleiben. Aber dann fällt mir wieder ein, daß ich ja vor kurzem noch einmal Großmutter geworden bin, und ich denke, der liebe Gott meint es doch gut mit mir.

In Erinnerung an Zygmunt Gottlieb, Stefania Gottlieb-Kohn, Maria und Dawid Kohn, Borys Filpczak, Tadeusz Jenkner, Jakob und Hanni Schäfer, Rena Gogolowska, Hermann Ruhe, Familie Klein, Herrn und Frau Rosenberg, Helenka Goldkorn, Elzka Dankiewicz, Janina Kordacka – stellvertretend für alle Menschen, die meinen Lebensweg gekreuzt haben.

Z. J.

Ich danke meinem Sohn, ohne dessen Hilfe diese Buch kaum zustande gekommen wäre.

Z. J.

ISBN 3-351-02473-8

1. Auflage 1998

Einbandgestaltung Groothuis + Malsy, Bremen
Druck und Binden Clausen & Bosse, Leck
Printed in Germany